Grégory Bynen-Journo

Jeux et activités autour des mathématiques

Aider et accompagner son enfant

Illustrations : Lucia Calfapietra

MANGO
éditions

SOMMAIRE

INTRODUCTION

LES JEUX

INTRODUCTION

Pourquoi ce livre?

L'idée de ce livre et de la collection est née des conversations en salle d'attente : les parents demandent souvent ce qu'ils peuvent faire ou utiliser pour aider leur enfant entre les séances. Ce n'est pas si simple de répondre quand l'enfant a un vrai trouble, car il peut vite se « braquer » , et le parent risque de prendre malgré lui un rôle d'enseignant ! Ce livre est là pour aider parents et enfants en proposant des activités ludiques et non didactiques.

L'objectif de cet ouvrage est double :

– vous donner quelques clés pour mieux comprendre les difficultés mathématiques. Vous pourrez ainsi mieux observer et comprendre celles de votre enfant ;
– vous donner des idées de jeux, d'activités et de rituels pour accompagner votre famille au quotidien.

En résumé

Redonner à votre enfant du plaisir avec les maths malgré ses difficultés, en passant par le jeu.

Pour qui?

Ainsi, que votre enfant ait des difficultés passagères ou durables, en tant que parents :

– vous êtes amenés à vous poser beaucoup de questions ;
– vous recherchez tout naturellement à l'aider au mieux.

Nous avons tenté de prendre en compte ces deux aspects pour élaborer cet ouvrage. **Ce livre cible essentiellement des enfants du primaire**, du tout début CP au CM2. Mais il peut tout aussi bien convenir à tous les enfants qui aiment simplement jouer avec les maths et la logique !

Les enfants en mal de maths, qui sont-ils ?

On estime qu'entre 15 et 20 % des enfants présentent à un moment donné de leur scolarité des difficultés d'apprentissage, touchant la lecture, l'expression écrite ou le calcul. Les véritables troubles spécifiques (les « dys ») ne concernent en revanche que 5 à 7 % des enfants, soit un enfant par classe. Ils seront durables, plus ou moins sévères et compensables, mais auront la plupart du temps des conséquences sur la scolarité et le quotidien des enfants et de leur famille.

Dans la palette de ces difficultés appliquées aux apprentissages mathématiques, on retrouve 3 profils :

→ **de simples retards d'acquisition** se situant dans le cadre de variations normales par rapport à la moyenne. Ces difficultés sont par définition transitoires et modérées, sans autre anomalie ni antécédents significatifs dans la famille ;

→ **des troubles d'apprentissage,** spécifiques, dont l'origine est supposée neuro-développementale. Ce sont les « dyscalculiques ». L'intelligence est normale, voire supérieure, mais, même si le débat scientifique est encore ouvert, ces enfants ne sont pas « neurotypiques ». Cela signifie qu'en raison d'une organisation différente de leur cerveau ils ne pourraient, par exemple, ni percevoir ni traiter les quantités comme d'autres enfants neurotypiques ;

→ **des difficultés « symptômes »,** qui découlent d'autres causes : des manques de stimulation de l'environnement (carences socioculturelles, éducatives, affectives), des dysfonctionnements familiaux ou scolaires, une déficience intellectuelle, des déficits sensoriels (comme la surdité), d'autres troubles ou maladies (troubles du développement du langage, troubles de l'attention, troubles visuo-spatiaux...).

Dans tous les cas, les difficultés d'apprentissage ont des conséquences chez l'enfant et dans la famille. L'enfant peut présenter des signes de souffrance psychologique, d'anxiété, de fatigue, voire de dépression. Il peut entrer dans des conduites d'évitement pour les tâches qui lui demandent un effort particulier, comme les mathématiques.

Quels outils pour aider l'enfant ?

Sont présentés ici uniquement des jeux ou suggestions d'activités simples, personnalisables et pensés pour pouvoir être « écologiques », c'est-à-dire adaptés aux routines du quotidien (repas, bain, sorties...).

Conception et méthode

Ce livre repose sur un conte afin de raconter les difficultés en mathématiques et favoriser l'identification, en proposant un univers plaisant : celui de la magie, du royaume des Nombres et d'une sorcière rigolote, Mochepif, qui lutte contre le méchant Mathiavelic (voir préambule p.8).

Pourquoi des jeux ?

Du côté de l'enfant

Parce que jouer est essentiel et naturel pour lui, et que c'est un formidable moyen d'apprendre. Nous avons d'ailleurs fondé une association, Joue Pense Parle, pour préserver les temps de jeu actif dans l'enfance, car ils sont de plus en plus grignotés par les modes de vie actuels, alors qu'ils sont essentiels à un bon équilibre psychologique et physique. En plus, jouer est motivant pour tout enfant !

Parce que le but, c'est de jouer, pas de réussir en mathématiques ! Dans les 14 idées de jeu que nous vous proposons, il ne s'agit jamais de faire des exercices. L'enfant n'aura pas l'impression que vous lui donnez des devoirs supplémentaires ! C'est en tout cas un moyen intéressant pour qu'il perde en anxiété et qu'il retrouve de la motivation et du plaisir.

Du côté des parents

Pour vous, parents, le jeu présente aussi de nombreux avantages ! D'abord, c'est un **outil intéressant pour renforcer la qualité de votre relation**. En effet, les difficultés d'apprentissage provoquent souvent des conflits et du stress dans la famille : gestion compliquée des devoirs, anxiété scolaire, peur d'être jugé « mauvais parent » par d'autres...

Le jeu s'inscrit dans un contexte agréable et motivant, où vous serez naturellement amenés à coopérer. Dans ses yeux, vous serez son papa ou sa maman, mais aussi son partenaire de jeu : il acceptera donc sûrement sans problème que vous l'aidiez quand il est en difficulté.

Ensuite, jouer peut aider à **dédramatiser ensemble les difficultés**. Parfois, votre enfant déploie beaucoup d'énergie dans ses apprentissages, et c'est frustrant quand il ne « réussit pas » malgré ses efforts. Cela peut même provoquer des difficultés d'estime de soi. N'hésitez pas à l'encourager, à l'aider quand il faut, et à discuter ensemble. Enfin, **les jeux développeront vos compétences naturelles de « parent-observateur »**.

Nous allons aussi vous mettre à contribution ! Grâce à quelques clés d'observation que nous vous donnerons dans les différents chapitres, vous pourrez découvrir ou mieux comprendre votre enfant, ce qui est difficile ou plus facile pour lui quand il réfléchit, raisonne ou fait des opérations. Comprendre ses points forts et ses points faibles, n'est-ce pas déjà essentiel pour mieux l'aider ?

Plaisir et créativité: des moyens pour apprendre différemment ?

Nous vous proposons de lui garder un espace et un temps pour « penser », retravailler les règles et les apprentissages afin qu'il les assimile à SA FAÇON. Il sera créateur et acteur, pourra moduler, varier les jeux, leurs règles, leur contexte... Vous lui donnerez alors les chances de développer ses compétences UNIQUES pour mieux apprendre ce qui est difficile pour lui, n'en doutez pas !

Alors, on joue ? Chiche ?!

BIENVENUE DANS L'UNIVERS FANTASTIQUE DE MOCHEPIF !

Connais-tu l'histoire de Mochepif ? Laisse-moi te la raconter…

Il était une fois, un royaume très lointain du nom de Mathéliande. C'était le pays enchanté des maths, gouverné par le roi Mathieu et la reine Mathilde depuis leur grand château des Nombres. Les habitants de cette contrée, appelés les mathémagiciens, avaient tous un ennemi juré : le grand sorcier des Nombres, Mathiavelic.

Mathiavelic n'avait qu'une obsession : être le seul au monde à savoir compter pour régner sur tout Mathéliande. Pour arriver à ses fins, il s'obstinait à capturer une par une les unibébêtes, petites créatures de la forêt, qui possédaient toute la magie mathématique du royaume et la transmettaient aux enfants. Depuis la nuit des temps, l'école de magie du château recueillait les unibébêtes et les protégeait.

En échange, ces dernières avaient pour mission d'enseigner aux enfants à compter de plus en plus loin, pour qu'ils maîtrisent ensuite de plus en plus de sortilèges. Dans cette école d'exception, les enfants pouvaient alors passer en classe supérieure chaque fois qu'ils étaient aptes à compter 10 fois plus loin.

Il y avait donc la classe des unités, puis la classe des dizaines, la classe des centaines, etc. Comme il n'y avait pas assez de place dans les salles pour accueillir tant d'unibébêtes, celles-ci se regroupaient par 10 en un seul objet magique, avec des pouvoirs chaque fois 10 fois plus puissants ! D'abord regroupées dans une baguette des dizaines, elles pouvaient ensuite se rassembler dans un seul grimoire aux 100 pages, puis dans un chaudron aux 1000 bulles, dans un balai supersonique allant à 10 000 km/h, et enfin dans une mallette aux 100 000 sortilèges !

Grâce à leur château des Nombres, doté d'un bouclier magique, le roi et la reine pouvaient continuer à protéger les unibébêtes de Mathiavelic et à maintenir la paix sur le royaume des mathémagiciens.

Un jour, impuissant et fou de rage, Mathiavelic jeta un sort à l'enfant royale à naître : la jolie princesse serait une sorcière dotée d'un nez repoussant jusqu'à ce qu'elle ait réussi à former un million de mathémagiciens ! La pauvre naquit donc avec un nez si bizarre que ses parents l'appelèrent Mochepif.

Aujourd'hui, son nez est le centre de ses pouvoirs mathémagiques, mais il est aussi son pire cauchemar. En effet, il change de couleur, de forme et de température presque tous les jours, pouvant devenir tantôt poilu, tantôt glacé, tantôt écrabouillé...

Depuis, les années ont passé et c'est aujourd'hui elle qui dirige le château. Pour l'aider à briser le sortilège de Mathiavelic, je t'invite à venir jouer dans les classes du château de Mochepif pour devenir toi aussi un mathémagicien !

n° 1

Nim de Mochepif

Se familiariser avec le raisonnement logique, le sens de l'anticipation et de la déduction

Profil
À partir du CP

Matériel
Petits objets de la maison ou du jardin… ce qu'on a sous la main !

Pourquoi on y joue ?

Objectif du jeu

- Raisonner pour résoudre des problèmes.
- Déduire et anticiper.
- Trouver des stratégies.

Quelques repères

Le but des mathématiques n'est pas seulement la réussite scolaire ni d'apprendre par cœur des règles, des procédures ou des concepts, fort heureusement ! Voyons-les aussi et surtout comme une façon de nous aider à nous construire, à développer nos capacités à raisonner logiquement, à résoudre des problèmes et à penser de manière critique. Et ces compétences sont cruciales pour que les futurs mathémagiciens réussissent plus tard à s'adapter et à trouver leur place dans leur environnement. Pour y parvenir, il est indispensable que les enfants prennent du plaisir. Les jeux logiques sont un excellent moyen pour eux de découvrir leur propre inventivité, ainsi que leur sens de la stratégie quand il s'agit de devoir gagner. Plusieurs études ont d'ailleurs démontré l'impact bénéfique du jeu sur la motivation, sur le plaisir et sur l'investissement dans les apprentissages mathématiques. Ce jeu, inspiré du jeu de Nim, n'est qu'une proposition de départ ; l'intérêt ensuite sera de varier les paramètres pour que le jeune mathémagicien devienne un vrai chercheur !

Les atouts de ce jeu

- Prendre du plaisir à jouer.
- Manipuler les quantités.
- Imaginer d'autres règles et varier les stratégies.

Comment on y joue ?

On s'installe !

Choisissez ensemble au moins 25 petits objets dans le placard de la cuisine, dans la chambre ou ramassés dehors en promenade, etc. Installez-vous dans un endroit calme, propice à la réflexion, et on dispose le jeu en 5 rangées de 5, comme suit :

On commence ? Action !

But du jeu : enlever un certain nombre d'objets à chaque tour, le vainqueur étant celui qui ne prend pas le dernier élément.

Le joueur 1 est celui qui est le plus jeune si nous sommes un jour pair ; le plus âgé, un jour impair.

Chacun son tour, prendre 1, 2 ou 3 objets.

Attention, dans cette formule inventée par Mochepif, il y a deux règles diaboliques à respecter :

- on ne peut prendre plusieurs objets que s'ils sont adjacents : ils doivent se toucher horizontalement ou verticalement, mais pas en diagonale !
- on n'a pas le droit de prendre deux fois de suite le même nombre d'objets : si le joueur 1 prend 2 objets, le joueur 2 doit alors en prendre 1 ou 3.

Et ensuite ? Inventons en famille !

Côté enfants

Encouragez-le à créer des variations : plus ou moins d'objets au départ ? En prendre jusqu'à 4 ? En choisir en diagonale ? Ça change quoi à la stratégie ?

Côté parents

Idée de rituel : proposez-lui de fabriquer ensemble votre propre jeu maison. Par exemple, en vous inspirant d'un autre qu'il aime (dominos ? Qui est-ce ?®...). Attention, ce ne sera pas parfait, le but est qu'il analyse et s'organise pour que ça fonctionne. Et, même si c'est d'une autre façon, ce sera la sienne et vous en serez fiers !

Dossier parent / On observe

Arrive-t-il facilement à déduire des stratégies ? Invente-t-il de nouvelles règles ? Comment procède-t-il ? Prend-il du plaisir à vous défier en maths ? Notez dans le dossier les variations de règles qu'il vous dictera : vous valoriserez alors son génie mathématique !

n° 2

Les ~~mots~~ maux des maths !

Jouer avec la comptine numérique

Profil
À partir du CP

Matériel
Cartes ★ **Joker**, ● **+ 2**, ● **+ 4** et **Échange** page 53.
18 cartes unités unibébêtes page 57.
2 personnages Mochepif/Mathiavelic + 2 châteaux + chemin page 77.

Pourquoi on y joue ?

Objectif du jeu

- Compter dans les deux sens.
- Compter à partir d'un nombre.
- Compter par intervalles.

Quelques repères

« Dix, onze, douze, treize, euh... quinze ? » Votre petit mathémagicien bute peut-être encore à certains endroits sur la comptine des mots-nombres, et ça peut le gêner pour dénombrer ou calculer exactement, et pour faire les liens entre chaque mot/chiffre/quantité. Il faut dire que ce n'est pas aussi simple qu'il y paraît : l'apprentissage débute dès l'entrée dans le langage, vers 2 ans (un, deux, trois), puis progresse pas à pas. Vers 3-4 ans, il peut réciter par cœur la « chanson des nombres » sans pouvoir les détacher. Puis, lentement, à force de pratique, et grâce à ses expériences, il arrivera vers 6 ans à isoler chaque nombre comme une seule perle du collier, et à comprendre qu'à chaque mot suivant correspond la quantité + 1. Il pourra s'en servir pour compter à l'envers et soustraire, ou à partir d'un nombre donné pour additionner un autre. Cela devient pour lui un outil redoutablement efficace... sauf s'il a encore des difficultés avec la langue des nombres ! Il faut bien avouer qu'en français certains mots-nombres (treize, seize...) sont vraiment bizarres et durs à retenir car peu « transparents » sur les quantités qu'ils représentent. Ce n'est pas le cas en chinois, imaginez un peu : « seize » se dit « dix-six » et « quatre-vingt-seize » se dit « neuf-dix-six » ! C'est quand même plus clair : « 96 » comporte bien « neuf dizaines » et non « quatre » ou « vingt » ! On comprend mieux pourquoi les petits Chinois savent compter jusqu'à 100 dès l'âge de 5 ans, contre 40 en moyenne pour les petits Français ou Américains...

Dossier parent

Votre enfant est-il en réelle difficulté ? Informations et repères par âge ici :

Les atouts de ce jeu

- Choisir un nombre de départ pour cibler précisément les difficultés.
- Visualiser les opérations + / - sur une frise numérique : addition en se déplaçant vers la droite, soustraction en se déplaçant vers la gauche.

Comment on y joue ?

On s'installe !

Prenez quelques minutes pour relire le conte (page 8) et expliquer que Mochepif veut sauver les unibébêtes des griffes de Matiavelic.
Découpez, assemblez les deux châteaux et placez le chemin entre les deux portes. Au centre du chemin (étoile), placez Mochepif dans la partie supérieure (sens + : →) et Mathiavelic dans la partie inférieure (sens - : ←) : chacun regarde vers son château. Mélangez les cartes spéciales et unibébêtes pour former une pioche.

On commence ? Action !

But du jeu : ramener le plus d'unibébêtes dans son château !

Décidez du nombre de départ (étoile) : au minimum 14, mais on peut choisir 95 ou 1 003 en fonction de l'âge. Pour les enfants plus jeunes ou en difficulté, on peut aussi prendre un temps pour écrire les nombres au crayon de papier, en aidant au besoin. Sinon, on inscrit seulement le nombre central, ou on garde tout dans sa tête ! Chaque joueur pioche une carte unibébêtes : celui dont la carte a le plus grand nombre d'unibébêtes les emporte en direction de son château, en se déplaçant d'autant de cases sur la frise numérique. Il doit alors en même temps compter à voix haute, à l'endroit ou à l'envers, en partant du nombre de départ. En cas d'égalité, le joueur le plus jeune remporte le duel ! La carte perdante est replacée dans la pioche pour un prochain tour.
Recommencez jusqu'à épuisement des cartes en superposant les cartes gagnées à côté du château. Lorsqu'un personnage atteint la porte du château, il place les unibébêtes à l'intérieur et revient au centre du chemin. À la fin de la partie, décomptez uniquement les unibébêtes placées à l'intérieur des châteaux, celles restées en chemin seront perdues.

Cartes spéciales :
● + 2 ou ● + 4 : fait avancer ou reculer de 2 ou 4 cases.
★ **Joker** : le joueur prend la carte adverse et la place directement dans son château.
⇄ **Échange** : les joueurs échangent leur place.

Variantes conseillées :
Compter par intervalles : de 2 en 2, de 10 en 10, etc.

Et ensuite ? Inventons en famille !

Côté enfants

Que peut-on inventer pour varier ? On découpe et on scotche des bandes pour fabriquer un chemin très long et on ajoute les cartes des dizaines (baguettes, page 57) ? On se positionne au centre d'une pièce, puis on s'éloigne en direction du mur : le premier qui touche le mur a gagné ? Et si on prenait des cartes Uno® ou des cartes à jouer ?

Côté parents

Idée de rituel : instaurez un défi « compte à rebours » pour égayer les activités quotidiennes ! Vous pourrez le défier de faire son lit en moins de 30 secondes, et à l'inverse il vous demandera de faire la vaisselle en moins de 60 secondes (attention à la casse !).

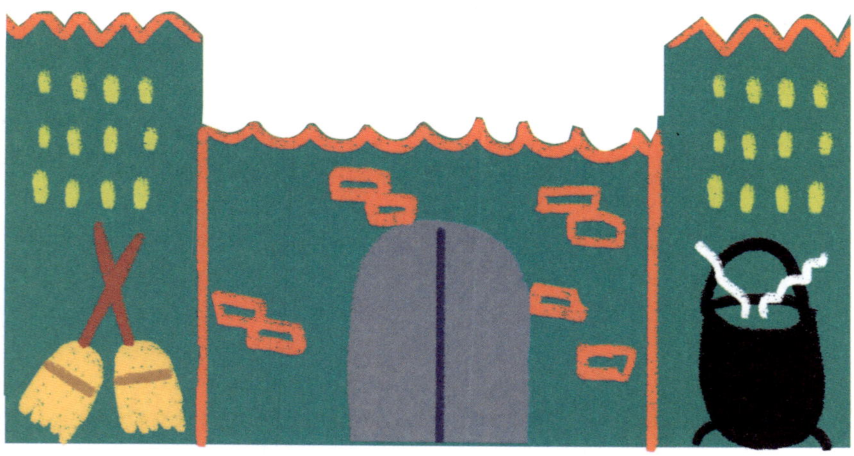

Dossier parent / On observe

Arrive-t-il facilement à changer de dizaine ? À compter à rebours ?

n° 3 Ensorce'nez !

Raisonner en envisageant tous les possibles

Profil
À partir du CE1

Matériel
Cartes et dés page 63.
3 cure-dents.

Pourquoi on y joue ?

Objectif du jeu

→ Classer et catégoriser en fonction d'un ou de plusieurs critères en même temps.

Quelques repères

Les mathématiques ne sont pas qu'un langage formel fait de chiffres et de nombres qu'il suffirait de décoder. C'est le raisonnement, la pensée logicomathématique qui permet à un enfant d'organiser les choses dans sa tête pour « mathématiser » le monde et y mettre du sens. En faisant activement ses propres liens logiques, il les regroupe par catégories et par classes : on parle de classification logique. Cet aspect est essentiel pour qu'il puisse manipuler les quantités de façon abstraite. Quelques précisions :

- Les psychologues s'accordent à dire que la classification logique n'est bien construite qu'à partir de 7-8 ans. Avant, la plupart des enfants n'en ont qu'une « intuition » plus ou moins développée.
- La catégorisation permet de simplifier l'univers : en regroupant mentalement plusieurs objets ou concepts en fonction de propriétés communes, on réduit le nombre d'éléments à traiter dans son cerveau. Malin, non ?
- Il y a ensuite deux logiques de classes, un peu comme dans la théorie des ensembles : l'intersection et l'inclusion. Par exemple , la classe « chats » est complètement incluse dans la classe « félins », mais seulement une partie des chats se trouve à l'intersection de la classe « animaux à pelage rayé », qui comprend par exemple les zèbres (animaux non félins et non chats) ou les tigres (animaux félins mais non chats).

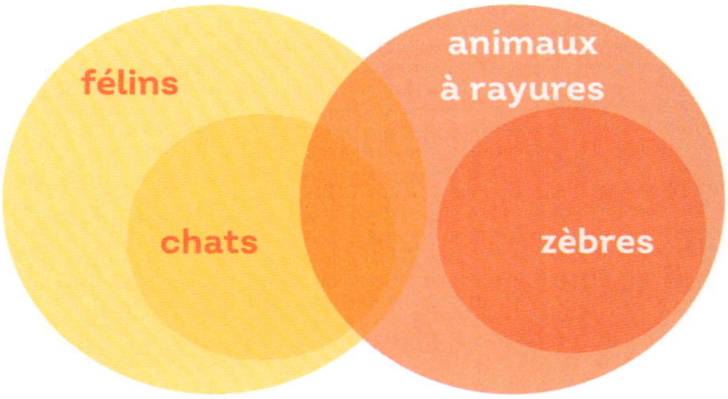

Illustration d'un exemple de logique de classes avec un diagramme de Venn .

Quelques exemples de déductions possibles :

- si je suis un félin, alors je peux être un chat, rayé ou non, mais en aucun cas un zèbre ;
- si je suis un animal rayé, je peux être un chat, un félin rayé ou un zèbre ;
- si je suis un chat, je suis nécessairement un félin ; mais si je suis un félin, je ne suis pas nécessairement un chat !

Les atouts de ce jeu

- Favoriser la créativité et l'imagination.
- Permettre à l'enfant d'exercer la combinatoire et la logique des classes.

Comment on y joue ?

On s'installe !

Après avoir découpé toutes les cartes et percé chaque totem avec un cure-dents pour créer les toupies magiques (voir page 63), observez ensemble les quatre exemples illustrés. On peut s'amuser à les nommer : le nez patate poilu bouillant, le nez crochu glacé qui coule, etc.
Puis, lisez la règle : « La sorcière Mochepif te met au défi de lui changer son moche pif en pif aussi moche mais différent ! Aucun nez ne doit être en double ! Pour cela, elle te laisse utiliser sa formule magique et un seul de ses trois totems. Bonne chance ! » Commencez par choisir l'une des quatre sorcières exemples Mochepif. Puis posez les trois totems dans les positions correspondant à la carte, car il y aura trois critères à croiser :

1. la forme : carré = nez cagette ; triangle = nez crochu ; rond = nez patate.
2. la couleur : rouge = nez brûlant ; bleu = nez glacé ; violet = nez écrabouillé.
3. le motif : traits = nez poilu ; 2 gouttes = nez qui coule ; vagues = nez ridé ; petits points = nez boutonneux.

On commence ? Action !

Le plus jeune commence. Il fait tourner un des trois totems en énonçant la formule magique : « Mochepif, Mochepaf, Mochepouf ! » (Pas facile à dire, n'est-ce pas ?) Quand la toupie s'arrête et tombe, on regarde le symbole qui touche la surface de jeu. Il y aura deux possibilités :

1. c'est un nouveau moche nez : un des trois critères varie. Le joueur doit le nommer, et le dessiner sur l'une des cartes vierges. Il conserve la carte et a le droit de relancer un totem (le même ou un autre, à lui de voir).
2. la combinaison a déjà été trouvée : perdu, il passe la main au joueur adverse.

On continue jusqu'à épuisement des possibilités (3 x 3 x 4 = 36 nez possibles !), et on compte les cartes à la fin pour désigner le vainqueur.

Et ensuite ? Inventons en famille !

Côté enfants

Et si on se servait des cartes pour un Uno® ? un Dobble® ? un jeu des 7 familles ? Inventez ensuite ensemble un autre jeu de cartes en fonction de ses héros préférés, en le laissant décider des critères.

Côté parents

Demandez-lui d'anticiper le nombre maximum de nez correspondant à un nouveau critère (par exemple : « Et si on inventait des nez jaunes ? »). Encouragez au quotidien ses conduites de classification logique : « Tu m'aides à inventer une nouvelle façon de ranger tes jouets ? le placard ? » Vous verrez, le résultat peut être surprenant, car il inventera ses propres règles !

n° 4

Sorci'lèges !

Se familiariser avec le raisonnement verbal, le vocabulaire mathématique, la résolution de problèmes

Profil
À partir du CP-CE1

Matériel
Cartes triangles (images/phrases) page 79.

Pourquoi on y joue ?

Objectif du jeu

- Comprendre les mots quantificateurs.
- Résoudre des problèmes additifs à l'aide d'images.

Quelques repères

« La résolution de problèmes constitue le critère principal de la maîtrise des connaissances dans tous les domaines des mathématiques, mais elle est également le moyen d'en assurer une appropriation qui en garantit le sens. »* Cet extrait du programme du cycle 3 montre la place centrale de la résolution de problèmes : analyser, comprendre et trouver une solution, c'est important pour toute la vie et dans tous les domaines ! Mais comment faire si certains mots logiques du langage de tous les jours ne sont déjà pas bien compris ? C'est alors l'étape numéro 1, la traduction du problème, qui pose souci et empêche l'enfant de bien comprendre ce qu'on lui demande au préalable. Parmi les mots rencontrés très souvent dans les énoncés, certains « quantificateurs » (« tous », « aucun », « des », « certains »...) servent à établir des rapports entre une partie et un tout, ou à comparer les parties entre elles. Par exemple, « certains carrés sont bleus » implique « pas tous » et ne signifie pas la même chose que « quelques carrés sont bleus » ou « plusieurs carrés sont bleus ». D'autres expressions peuvent piéger les enfants. Par exemple « au moins 3 » utilise le mot « moins » alors qu'il implique « plus de 3 » et ressemble à son contraire « moins de 3 » ! « Autant de » est parfois compris comme « plus de », car il ressemble beaucoup à « tant de » ! Pour devenir mathémagicien, il faut aussi réussir à comprendre toutes ces nuances, car, les maths, c'est aussi une affaire de langage !

Les atouts de ce jeu

- Mieux comprendre les mots des maths pour prendre confiance en soi !

* Ministère de l'Éducation nationale, de la Jeunesse et des Sports. (2022). *Les guides fondamentaux pour enseigner. La résolution de problèmes mathématiques au cours moyen.*
https://eduscol.education.fr/document/32206/download?attachment

Comment on y joue ?

On s'installe !

Découpez les cartes triangles et faites deux pioches : les phrases et les images. Expliquez que Mathiavelic vous met aujourd'hui au défi de trouver la bonne formule magique pour résoudre ses énigmes diaboliques : les sorci'lèges ! Attention, il y a souvent plusieurs bonnes réponses possibles, à vous de jouer !
Le joueur 1 est celui qui pèse le moins de kilos ! Tiens, au fait, sait-il estimer son poids ? le vôtre ? On sort une balance et on en parle un peu... Qu'est-ce qui est lourd, léger dans la pièce ?

On commence ? Action !

But du jeu : être le premier à placer toutes ses cartes !
Le principe est celui d'un domino. Chaque joueur prend 7 triangles phrases et 7 triangles images dans la pioche. On pioche ensuite au choix une phrase ou une image pour commencer la partie, et on la pose face visible au milieu. Chacun son tour, on peut coller un triangle sur un des 3 côtés, mais attention : interdit de coller 2 phrases ou 2 images à la suite, il faut toujours alterner ! Pour le déroulement du jeu, voici le tableau des concordances pour résoudre les sorci'lèges.

	Vert		**Rose**		**Noir**		**Blanc**	
	Crapaud	Serpent	Pieuvre	Ver de terre	Chauve-Souris	Araignée	Hibou	Fantôme
Ailes	X	X	X	X	2	X	2	X
Vole	X	X	X	X	oui	X	oui	oui
Nage	oui	X	oui	X	X	X	X	X
Saute	oui	X	X	X	X	X	X	X
Rampe	X	oui	X	oui	X	X	X	X
Pattes	4	X	7	X	2	8	2	X

Quelques précisions avec des exemples :
- « certains » signifie nécessairement « pas tous » : par exemple, pour « certains sont roses », il faut avoir au moins 1 personnage d'une autre couleur !
- Certains sorci'lèges impliquent d'avoir la quantité exacte, ni plus ni moins : par exemple, pour « il y a 2 roses » ou « 2 sont de la même couleur », le joueur doit poser une image avec exactement 2 éléments, pas plus !

Et ensuite ? Inventons en famille !

Côté enfants

A-t-il une idée ? On superpose et on joue au Uno® ? On pioche 3 phrases et on regarde si c'est possible de trouver une image dans la pioche cartes images ? À lui de jouer avec les règles maintenant !

Côté parents

Prenez d'autres exemples du quotidien pour voir s'il a bien compris. Dans le frigo, il y a plus de carottes ou plus de légumes ? Pour la recette du gâteau, il faut au plus 3 pommes, tu crois qu'on doit en mettre combien ?

n° 5 Calculator !

Comprendre le sens des opérations

Profil
À partir du CP-CE1 avec l'addition et la soustraction, CE-CM avec les 4 opérations : addition, soustraction, multiplication, division

Matériel
Cartes **?** y compris les cartes spéciales ● **+ 4**, ★ **Joker**, ⇄ **Échange** pages 51 et 53.
Pense-bébête de Mochepif 0-100 page 55.
Feutres de couleur (1 par joueur) ou crayons à papier + gomme.
Petits objets à compter (coquillettes, trombones, billes, etc.).
Calculatrice.

Pourquoi on y joue ?

Objectif du jeu

- Faciliter le calcul mental pour les quatre opérations.
- Comprendre le sens des opérations et de leurs propriétés.

Quelques repères

Dans une expérience restée célèbre*, on présente à des enfants de différents âges deux rangées de jetons en quantité égale. Au départ, c'est facile : les deux rangées sont parfaitement alignées l'une en dessous de l'autre (chaque jeton est placé en parfaite correspondance face à face). Dans ces conditions, tous les enfants admettent qu'il y a le même nombre de jetons des deux côtés. Puis ça se complique : sans rien ajouter ni enlever, on allonge une des deux rangées en écartant les jetons. La plupart du temps, seuls les enfants de plus de 6 ans résistent au piège tendu et disent que le nombre de jetons n'a pas augmenté. C'est un sacré pas en avant pour « mathématiser » le monde, n'est-ce pas ?
En effet, à partir de 7 ans environ, nos petits mathémagiciens développent un super-pouvoir : garder en tête et inverser des transformations, notamment numériques (les psychologues parlent de réversibilité). Au niveau des apprentissages mathématiques, cela leur permettra de mieux apprendre, au-delà du calcul fait par cœur, **le sens des opérations**. Ce sont les principes généraux, les « propriétés conceptuelles » des opérations** : par exemple que + est l'inverse de −, que les additions 3 + 2 et 2 + 3 ont forcément le même résultat (commutativité), que si je peux faire 3 − 2, je ne peux pas faire 2 − 3. Certains enfants peinent en calcul ou en résolution de problèmes, car ils bloquent justement sur ces liens.

* Olano, M, (2020, janvier). L'intelligence, de Jean Piaget aux neurosciences. *Sciences humaines*. https://www.scienceshumaines.com/l-intelligence-de-jean-piaget-aux-neurosciences_fr_41836.html
** Brissiaud, R. (2016). Situations, interprétation, stratégies et conceptualisation. Le cas des opérations arithmétiques. *Bulletin de psychologie*, 546, 423-431. https://doi.org/10.3917/bupsy.546.0423

Les atouts du jeu

→ Pouvoir battre l'adulte à un jeu de calcul, ce qui motive l'enfant !
→ Mimer des opérations avec de petits objets pour bien comprendre.

Comment on y joue ?

On s'installe !

Découpez et mélangez les cartes ?. Prenez-en une en exemple et expliquez qu'en plus des deux nombres visibles, chaque carte rapporte jusqu'à quatre nombres invisibles ! Pour les trouver, il suffira de combiner les deux chiffres visibles en mimant les opérations qu'on sait faire : addition et soustraction (pour un enfant au CP-CE1), mais aussi multiplication et division (pour les plus grands).
Ex : 2 ? 8 → Les quatre nombres invisibles ? sont :
10 (2 + 8 et 8 + 2), 6 (8 – 2), 16 (8 x 2 et 2 x 8) et 4 (8 ÷ 2)

On commence ? Action !

Le but est, comme au Puissance 4©, de réussir à aligner quatre nombres sur le pense-bébête de Mochepif !

- Piochez chacun son tour. Le joueur 1 est celui dont le prénom a le moins de lettres.
- Placez un pion ou entourez avec un feutre de couleur ou un crayon à papier les deux nombres visibles, puis calculez en fonction de son niveau les deux, trois ou quatre nombres invisibles (on peut aider ou proposer une calculatrice, surtout pour les grands nombres !).
- Attention, il y a deux règles à respecter :
  1. tout nombre déjà gagné par un joueur lui reste acquis jusqu'à la fin, même s'il est trouvé ensuite par l'adversaire. Une seule exception : la carte Échange (voir ci-dessous) ;
  2. à chaque tour, le joueur doit mimer une des opérations avec de petits objets à compter. C'est l'occasion de bien comprendre le sens des opérations !
- Continuez à tour de rôle jusqu'à ce que quelqu'un aligne quatre nombres (horizontalement, verticalement ou en diagonale). C'est gagné !

Cartes spéciales :
+ 4 : donne le droit de piocher quatre cartes !
Échange : permet d'entourer et de voler quatre nombres adverses !
Joker : permet d'entourer deux nombres encore disponibles.

Et ensuite ? Inventons en famille !

Côté parents

Prenez des situations quotidiennes pour prolonger le jeu : par exemple, « Quand tu mets les couverts pour nous quatre, quelle opération ça fait ? », « Pour accrocher cinq torchons, pourquoi tu me donnes dix pinces à linge ? », etc.

Dossier parent / On observe

Comment a-t-il mimé ? Vous a-t-il épaté ?

Multiplier, ça veut dire quoi, en vrai ?

Votre enfant a peut-être du mal à bien comprendre le vrai sens de la multiplication, et pourquoi elle peut se dire dans les deux sens (commutativité). Comment l'y aider ?

Prenons un exemple : il ne comprend pas 3 x 8 = 8 x 3 = 24.

Souvent, votre enfant saura déjà bien ce que signifie faire quelque chose trois ou huit fois au quotidien (taper dans ses mains, se lever puis s'asseoir, etc.), mais on peut le lui rappeler ! Ensuite, pourquoi ne pas repartir du langage et de petits objets pour l'aider, en s'attardant bien sûr à la signification des mots prononcés ?

« 8 x 3 », ça peut se lire de deux façons :

1. « **huit fois trois** », donc avec des haricots c'est « **huit fois** » **pareil : « 3 haricots »** ;
2. ça peut aussi se lire « huit **multiplié par 3** » : huit choses **multipliées par trois**.

Pour encore mieux se rendre compte de cette propriété magique, on peut lui faire manipuler des objets en les plaçant de la façon suivante :

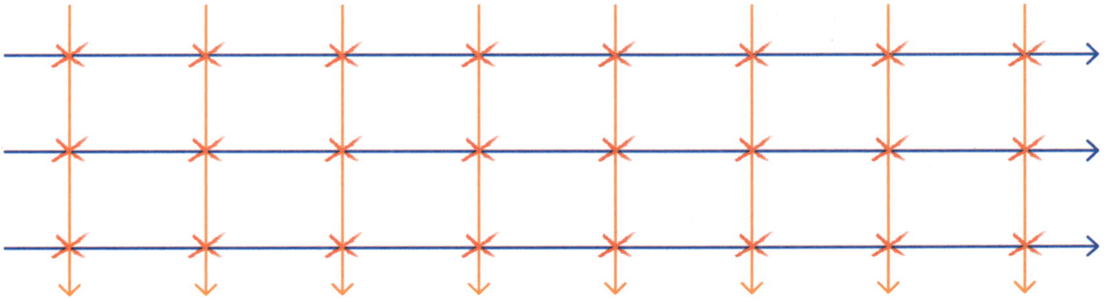

Mais si tu tournes la tête, c'est en même temps 3 x 8 qui se prononce « trois multiplié par huit » = « trois choses qui se répètent ou se multiplient huit fois, ça fait huit colonnes de trois choses ! »

Le saviez-vous ?

La méthode japonaise

Si, en France, les multiplications s'enseignent par les tables et les techniques de pose, on peut montrer à un enfant en difficulté une autre façon de résoudre une multiplication, enseignée par exemple au Japon. Cette méthode visuelle ancestrale (utilisée déjà par les Mayas) pour retrouver ou vérifier le résultat d'une multiplication passe par le dessin. Pour a x b , Il suffit de tracer a lignes, de les croiser avec b lignes, puis de compter un par un tous les points d'intersection.

n° 6 Le château de Mochepif

Comprendre la pose d'opération avec retenues

Profil
À partir du CP-CE1 avec unités et dizaines, CE1-CE2 avec centaines et milliers, CM avec dizaines et centaines de milliers

Matériel
Cartes unibébêtes pages 57 et 59.
Classes du château des nombres page 56.
Château de Mochepif page 77.
36 cartes à jouer de 1 à 9 (Uno® sans cartes spéciales ou jeu classique sans figures).

Pourquoi on y joue?

Objectif du jeu

- Mettre du sens à la retenue pour l'addition et la soustraction.
- Comprendre la « grammaire des nombres » (notation de position).

Quelques repères

Les mathémagiciens vont faire face à de nombreuses embûches pour apprendre la « grammaire des nombres », comme la notation positionnelle, qui demande à l'enfant de comprendre que « 6 », par exemple, peut représenter, en fonction de sa position, des quantités radicalement différentes : 6, 6 000, ou même une partie de « 16 » ! Car le chiffre représente une quantité, un « groupe » différent de « un ». La notation des nombres a sa propre logique, qui repose sur la base 10 (comme 10 doigts) et sur l'emboîtement successif de groupes de 10^n de plus en plus importants, notés de droite à gauche, dans le sens contraire de la lecture des mots ! S'il est important de s'entraîner à maîtriser les routines de pose d'opérations (aligner des chiffres, commencer à droite…), il est encore plus important de comprendre le vrai sens d'une retenue dans les opérations arithmétiques. Il y a un transfert entre groupements de 10 d'un niveau au niveau juste supérieur, que ce soit dans l'addition ou dans la soustraction. La technique de casse* en soustraction proposée ici ne revient pas à ajouter une retenue chiffrée, mais à « casser » une quantité déjà disponible dans le nombre pour la déplacer ailleurs. Ainsi, des enfants qui manipulent encore les chiffres arabes comme des étiquettes peuvent dénombrer une par une les quantités et les soustraire « pour de vrai » en les barrant.

Les atouts du jeu

- Revisiter la numération avec une histoire ludique.
- Voir les quantités figurées une par une et non par un seul chiffre.
- Adaptable aux difficultés rencontrées.

* Brissiaud, R., Ouzoulias, A., Lelièvre, F. & Clerc P. (2017). *J'apprends les maths, CE2, Guide pédagogique*. Retz.
https://extranet.editis.com/it-yonixweb/images/322/art/doc/8/80aee9ca86313439313239393434343737323637.pdf

Comment on y joue ?

On s'installe !

Découpez les cartes unibébêtes (pages 57 et 59). On prend le temps de relire le conte de Mochepif (pages 8 et 9) pour réexpliquer le fonctionnement de l'école, parler des unibébêtes qui se regroupent par dix en un seul objet. « Et si on casse une baguette, combien d'unibébêtes vont sortir ? Et pour un grimoire, combien d'unibébêtes ? de baguettes ? » Prendre ce temps est indispensable pour s'assurer que l'histoire est bien comprise.

On commence ? Action !

Modalité pour l'addition :

Sélectionnez les cartes en fonction du profil et des difficultés de l'enfant. Parfois, il est bien de repartir des unités, même avec des grands !

Ex : pour un enfant de CE1 en difficulté, sélectionnez les 18 cartes unités (unibébêtes). Gardez une carte 1 baguette et une carte 2 baguettes face visible pour procéder aux échanges.

Il s'agit de piocher six ou sept cartes unibébêtes au hasard, de les placer dans les bonnes classes de l'école (une seule dans le cas de l'exemple mentionné), puis de procéder aux transferts dans la classe baguette dès lors qu'il y a plus de 9 cartes unibébêtes dans une même classe. À cette fin, on trace un trait vertical par unité, on compte les traits, on entoure lorsqu'on arrive à 10, et on barre les 10 traits que l'on remplace chaque fois par une retenue (un nouveau trait) dans la classe supérieure. On dénombre ce qui reste en mentionnant le total de chaque classe par le chiffre correspondant (le chiffre des dizaines et des unités), puis on lit.

40 762 + 30 473

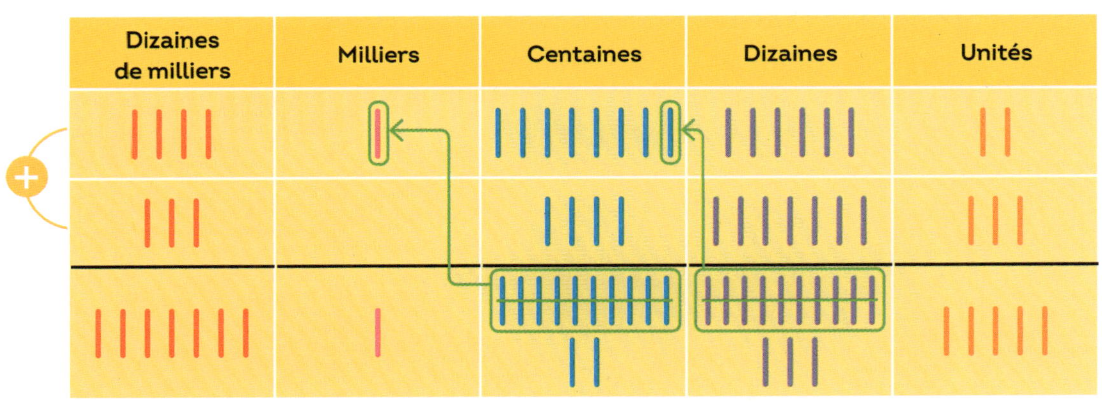


```
   1 1
  40 762
+ 30 473
--------
  71 235
```

En fonction des difficultés, on ajoute éventuellement les cartes grimoires des nombres à 3-4 chiffres, en gardant en réserve, face visible, les cartes chaudrons pour d'éventuels transferts. Et ainsi de suite.

Modalité pour le duel :
Même fonctionnement, mais on distribue sept cartes à chaque joueur. Chacun comptabilise sur la grille, procède aux transferts nécessaires et écrit son nombre en chiffres. Le gagnant est celui qui a obtenu le plus grand nombre !

Modalité pour la soustraction :
On prend un jeu de trente-six cartes avec les chiffres de 1 à 9 (par exemple un jeu de Uno® sans cartes spéciales). On détermine un nombre de départ (de deux, trois ou quatre chiffres en fonction du niveau de votre enfant). Ensuite, dans chaque case, on reporte ce nombre, de droite à gauche, puis on trace des traits (par exemple, trois traits dans la classe des dizaines, la classe baguette, si le nombre de départ est 632). Enfin, on distribue trois cartes par joueur. Chacun devra soustraire la quantité inscrite sur les cartes distribuées au nombre de départ. Le gagnant est celui qui obtient le plus grand nombre restant !

Plusieurs cas de figure possibles :
- Le nombre de départ est inférieur à la quantité piochée : impossible de soustraire, c'est alors perdu. On recommence tout si ça arrive aux 2 joueurs.
- Le nombre de départ est supérieur à la quantité piochée :
  - sans retenue : pas de difficulté particulière, il suffit de barrer les traits et de reporter ceux qui restent pour obtenir le résultat ;
  - avec retenue : dans ce cas, on « casse » une unité de classe supérieure en la barrant ; on reporte l'équivalent de dix traits à droite. Il devient maintenant possible de barrer autant de traits qu'indiqué sur la carte à jouer.

Et ensuite ? Inventons en famille !

Côté enfants
Que pourrait-il faire d'autre avec les cartes ? Un Memory® ? Une bataille ?

Côté parents
Et si vous preniez de vrais petits objets à grouper-dégrouper pour qu'il manipule les quantités ?

Dossier parent / On observe

A-t-il mieux compris en manipulant des objets ? Vous pouvez aussi refaire l'opération dans l'autre sens : « On revient au début en faisant une addition et on recommence la même chose en faisant une soustraction ! »

n° 7

Magic'série

Appréhender le raisonnement logique, les inférences et la transitivité

Profil
À partir de CE2-CM1

Matériel
Cartes Magic'série page 65.
Grilles de vérité pages 67 et 68.
Crayon à papier et gomme.

Pourquoi on y joue ?

Objectif du jeu

- S'amuser à faire des déductions logiques.
- Raisonner sur la propriété logique de transitivité.

Quelques repères

Les psychologues du développement, dont le plus marquant reste Jean Piaget, se sont intéressés à la construction du nombre abstrait chez l'enfant, depuis les toutes premières années. Schématiquement, de 0 à 2 ans il comprend par l'action et la perception, et ce jusqu'à un âge clé (7-9 ans) où il devient capable de raisonner plus abstraitement sur les quantités, et en même temps sur tout son univers. Cette avancée de l'« intelligence logico-mathématique » se manifeste notamment par sa capacité à faire des inférences transitives : par exemple si A = B et B = C, il en déduit que nécessairement A = C. Il réussira alors facilement à mettre en ordre croissant des baguettes de différentes longueurs, car cette loi de transitivité fonctionne aussi de la façon suivante : si A > B et B > C, alors A > C. Cette loi logique est donc fondamentale tant dans les apprentissages arithmétiques purs que dans la résolution de problèmes. Elle se perfectionnera ensuite jusqu'à l'adolescence, puis à l'âge adulte !

Les atouts de ce jeu

- L'univers de la magie motive l'enfant.
- La « grille de vérité » permet d'aider l'enfant en difficulté.

Comment on y joue ?

On s'installe !

Découpez les personnages et les objets magiques. Au verso de chaque bande se trouvera un numéro, de 1 à 10, en fonction de sa taille : les personnages ont un nombre impair ; les objets magiques ont un nombre pair.
Sur une table ou au sol, faites dix tas avec, chaque fois, les cinq bandelettes de même taille. Inscrivez le même nombre au verso : par exemple le tas n° 1 comprend les cinq plus petits personnages, le tas n° 2 les cinq plus petits objets magiques, ainsi de suite. Face cachée, piochez une bande dans chaque tas (de 1 à 10).

On peut par exemple obtenir ceci :

1 2 3 4 5 6 7 8 9 10

Chaque personnage s'octroie l'objet le plus proche de sa taille. Ici, la pioche a déterminé que le fantôme avait le balai, le lapin, la baguette, etc.

On commence ? Action !

Au préalable, on remplit sa grille de vérité : on inscrit dans l'ordre sa propre série magique, puis on coche les cases où les cartes de l'adversaire ne peuvent se trouver. Dans ce cas-ci, l'adversaire ne peut pas avoir pioché le fantôme à l'échelle 1, car il n'y en avait pas d'autre de cette taille, je peux donc cocher la case 1. Même chose pour les autres.

	1	2	3	4	5	6	7	8	9	10
fantôme	X									
balai		X								
lapin			X							
baguette				X						
dragon					X					
chaudron						X				
sorcière							X			
boule								X		
Merlin									X	
grimoire										X

Le but est d'être le premier à trouver la magic'série de l'autre. Attention : on n'a pas le droit de demander le numéro/la position directement, il faut les déduire en comparant les tailles !

Attention, on n'a pas le droit de demander directement le numéro. On peut seulement poser 2 types de questions :

- « Est-ce qu'il/elle est plus petit que (ou plus grand que) .... » : pour comparer deux objets, deux personnages ou un objet avec un personnage (exemple : est-ce que ton balai est (plus grand/plus petit) que ton fantôme ?) ;
- « Est-ce qu'il/elle a un/une... » : pour associer un personnage à son objet magique (exemple : est-ce que ta sorcière a une boule de cristal ?).

Possibilité 1 : la réponse est OUI.
On coche ce qu'on en déduit dans la grille, puis on peut poser une nouvelle question.

Possibilité 2 : la réponse est NON.
On coche ce qu'on en déduit dans la grille, puis c'est à l'adversaire de poser une question.

Quelques exemples de déductions possibles à partir de la grille exemple :

→ Est-ce que ta baguette est **plus grande** que ton chaudron ? **Réponse : OUI.**
- **Déduction 1 :** baguette > chaudron . D'après le tableau, ta baguette est en position 4, elle ne l'est pas chez l'adversaire et elle n'est pas non plus son plus petit objet (position 2). La baguette ne peut être qu'en position 6, 8 ou 10.
- **Déduction 2 :** chaudron < baguette . Dans le tableau, le chaudron ne peut donc ni être en position 6, ni être le plus grand des objets, je raye donc 10 : le chaudron ne peut plus être qu'en position 2, 4 ou 8.

→ Est-ce que ta boule est **plus grande** que ta baguette ? **Réponse : OUI.**
- **Déduction 1 :** baguette < boule. Comme je sais maintenant que la baguette n'est pas le plus grand des objets, elle n'est pas en 10, il ne lui reste plus que la position 6 ou 8.
- **Déduction 2 :** comme boule > baguette, et que la baguette est en position 6 ou 8, la boule est en 8 ou 10… Mais comme elle est en 8 sur ta grille, elle est forcement en position 10 chez l'autre !

→ Est-ce que ta sorcière a la baguette ? **Réponse : OUI.**
- **Déduction 1 :** d'après mes déductions précédentes, la baguette était en position 6 ou 8, j'en déduis que nécessairement la sorcière est en 5 ou 7, mais comme elle est en position 7 dans mon équipe magique, j'ai compris qu'elle était forcément en 5 chez l'adversaire.
- **Déduction 2 :** la baguette étant à la sorcière, qui est en 5, elle est alors nécessairement en position 6 !

Et ensuite ? Inventons en famille !

Côté enfants
A-t-il une autre idée de question ? Et si on dessinait des bandes avec ses héros préférés pour faire ce jeu ?

Côté parents
N'hésitez pas à l'aider s'il a du mal à faire les déductions, en prenant trois ou quatre objets dans la pièce, ses jouets par exemple. On peut aussi simplifier en ne prenant que les personnages ou que les objets.

Dossier parent / On observe

Vous a-t-il épaté par ses déductions?

n° 8 Mysté'miroirs

Appliquer la logique mathématique, combinatoire, les systèmes de numération

Profil
2 niveaux : CP-CE1 ou CE2-CM2

Matériel
Classes du château des nombres page 56.
Cartes mysté'miroirs pages 61 et 62.
Feuille, stylos ou feutres.

Pourquoi on y joue ?

Objectif du jeu

- Jouer à combiner formes et nombres.
- Exercer déduction et réflexion.

Quelques repères

Dès l'enfance, les petits mathémagiciens jouent sans le savoir à arranger les choses de plusieurs façons : ils prennent alors plaisir à découvrir différentes possibilités d'empiler trois cubes, d'habiller une poupée, d'aligner des voitures sur le tapis... Même si ce n'est pas encore des mathématiques avec des chiffres, nos petits chercheurs font pourtant déjà une découverte : la logique combinatoire ! Elle permettra de résoudre plein de problèmes au quotidien, en envisageant les différentes combinaisons possibles d'objets, de situations, avec ou sans répétition. En langage mathématique, elle renvoie aux apprentissages des notions de permutations, de combinaisons et d'arrangements. Si des bases existent déjà très tôt, cette combinatoire se construit lentement : les enfants tâtonnent encore vers 7-8 ans et maîtrisent cette logique de façon vraiment méthodique vers 10-11 ans. À l'adolescence puis à l'âge adulte, cette logique leur permettra de faire des hypothèses et des déductions pour résoudre des problèmes et s'organiser dans la vie de tous les jours.

Les atouts de ce jeu

- S'entraîner sur plusieurs niveaux de difficulté.
- Exercer sa déduction et sa réflexion.

Comment on y joue ?

On s'installe !

Découpez les 9 tuiles du casse-tête suivant les pointillés. Au recto, chacune présente 4 moitiés de cartes mysté'miroirs à assembler. Au verso, chaque miroir a son propre chiffre (voir tableau ci-dessous). Prendre un peu de temps ensemble pour bien tout observer :

Forme du cadre	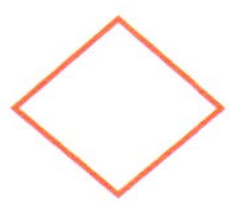 Losange	 Cercle	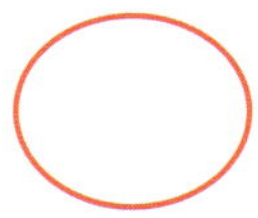 Ovale	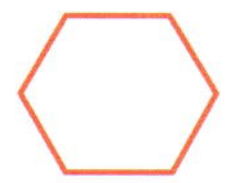 Hexagone	 Rectangle	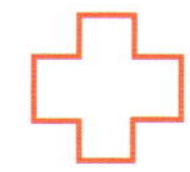 Croix
Objet reflété (recto)	 Chauve-souris	 Toile d'araignée	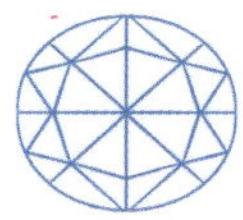 Diamant	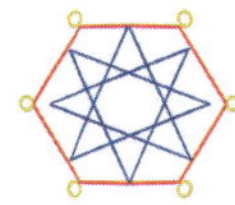 Étoile	 Pleine lune	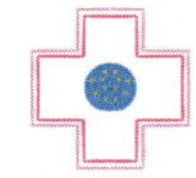 Boule de cristal
Chiffre reflété (verso)	**7**	**5**	**4**	**0**	**3**	**8**

On commence ? Action !

Jeu 1 (CP-CE1) : duel de miroirs ! (4 manches maximum)
Mélangez les 9 cartes, distribuez-en 3 à chacun (côté recto ou verso). Placez les 3 cartes restantes en ligne entre les deux joueurs pour la première manche. Pour chaque joueur, le but est de compléter les 3 mysté'miroirs qui lui font face. Attention, il faut être stratégique : si plusieurs cartes conviennent pour compléter un des trois miroirs, il faudra réfléchir aux différentes possibilités pour ne pas être bloqué par la suite et réussir à compléter toute la ligne !
Si les deux joueurs gagnent, ils passent à la deuxième manche en pivotant les 3 cartes centrales dans le sens des aiguilles d'une montre. On continue ainsi en pivotant à nouveau d'un cran, jusqu'à ce qu'un des joueurs soit bloqué et perde !

Jeu 2 (CE2-CM2) : nombre mystère
Le but est de trouver le premier le nombre mystère de l'adversaire. Chaque joueur pioche une des 9 cartes qu'il place face visible, côté chiffres. Puis, en secret, les joueurs écrivent leur nombre mystère sur une feuille en combinant les 4 chiffres de leur carte (par ex : 5-3-0-8 peut donner 3805, ou 5038, etc.). Celui qui a le moins de lettres dans son prénom commence : chacun, à son tour, essaie de deviner le nombre mystère de l'autre en combinant les 4 chiffres sur sa feuille. Quand un ou plusieurs chiffres sont à la bonne place, le joueur adverse doit les entourer, puis c'est à son tour de jouer. Qui trouvera le nombre mystère le premier ?
NB : on peut adapter aux CP-CE1 en prenant seulement 2 ou 3 des 4 chiffres, ou pourquoi pas aux grands champions en prenant 2 cartes et donc 8 chiffres.

Jeu 3 (tous âges) : défi'puzzle

- **Mode individuel :** le défi est de réussir à associer 8 cartes mysté'miroirs sur les 9 ! Sachez que c'est beaucoup plus difficile qu'il n'y paraît. Comme il y a 9 cartes, il y a en théorie 362 880 façons de les placer (= factorielle de 9 = 1 x 2 x 3 x 4 x 5 x 6 x 7 x 9) ; et comme chaque carte peut s'orienter de quatre façons différentes, il y a environ 95 milliards de combinaisons possibles !

Dossier parent

Pour les plus curieux, une des solutions du puzzle complet est présentée ici :

- **Mode duel :** on distribue 4 cartes à chacun, puis on dispose la neuvième carte au centre. Chacun, à son tour, place une de ses cartes au centre en complétant les miroirs. **Attention, il faut respecter la forme carrée de la grille, pas plus de 3 cartes côte à côte ! Qui va bloquer le premier ?**

Et ensuite ? Inventons en famille !

Côté enfants

Et si on inventait autre chose ? On additionne tous les chiffres des mysté'miroirs et on fait une bataille ? On fabrique son propre jeu ? Les maths, c'est aussi de la créativité !

Côté parents

Idée de rituel : pour l'aider au quotidien, vous pourriez vous faire deviner vos top 3 ou top 4 (couleurs, fruits, plats ou héros préférés...). Qui trouvera le premier ?

Dossier parent / On observe

Arrive-t-il facilement à imaginer tous les possibles ? à décoder les nombres à 4 chiffres ?

n° 9 Déduc'sort !

S'entraîner au raisonnement verbal et numérique, aux inférences, à la déduction

Profil
A partir du CM1, avec aide pour les plus jeunes

Matériel
Cartes triangles images/phrases page 79.
Feuille et stylo.

Pourquoi on y joue ?

Objectif du jeu

- Raisonner par implication, déduction et inférence.
- Déduire et inférer à partir d'informations verbales et numériques.

Quelques repères

Les maths, ce ne sont pas que des chiffres, des quantités, des calculs : c'est aussi de la logique ! C'est cet esprit qui permet de savoir comment et pourquoi manipuler ou comparer des quantités, et qu'on utilise au quotidien pour déduire des choses et trouver des solutions à des problèmes routiniers. Aristote a le premier parlé d'*inférences* : ce sont des informations nouvelles, non explicites, qu'on obtient par un mécanisme de déductions. Elles se font à partir d'une ou de plusieurs informations de départ (les *prémisses*) ou à partir d'autres connaissances du monde. Par exemple, dans sa leçon de géographie, si l'enfant apprend que *A : la Lorraine est en France*, et que *B : Nancy est en Lorraine*, il pourrait « inférer » par implication logique que *C : Nancy est nécessairement en France* , même si ce n'est pas marqué ! Dans le langage, dans les livres, les mots et connecteurs véhiculant ces relations logiques sont nombreux : si, alors, donc, comme, et/ou, ni ni... Au début du primaire, l'enfant aura une « logique concrète » : il pourra faire et comprendre des déductions simples, mais il lui faudra parfois manipuler des éléments ou du moins les avoir sous les yeux « pour de vrai ». En revanche, à partir du CM, et plus tard au collège, on attendra de lui qu'il « construise ses connaissances » en utilisant tous ces mécanismes !

Les atouts de ce jeu

- Le support des images et des phrases pour aider les déductions.
- L'aspect motivant d'une enquête.

Comment on y joue ?

On s'installe !

Découpez les cartes triangles, et faites deux pioches séparées : les phrases et les images. Pour bien s'imprégner du jeu, il est conseillé de faire une partie de « Sorci'lèges » (page 17) au préalable, puis on explique : « Mathiavelic vole les formules magiques (les sorci'lèges) de Mochepif pour capturer les unibébêtes, et régner sur Mathéliande ! Seul toi peux l'aider à les récupérer en résolvant une à une ses énigmes... Tu peux lui poser autant de questions que tu veux, mais attention : il ne te répondra que par VRAI ou par FAUX ! »

Le joueur qui devine est celui qui mesure le moins de centimètres, l'adulte joue le rôle de Mathiavelic ! Tiens, au fait, sait-il estimer sa propre taille ? la vôtre ? celle du canapé ? de la feuille ? On sort un mètre ou une règle et on en parle un peu ?

On commence ? Action !

But du jeu : trouver les 5 ingrédients d'une formule par déduction ! Pour faciliter le travail, il n'y aura jamais 5 ingrédients tous identiques ni 5 ingrédients tous différents, si bien que la formule mystère sera composée soit de :
– 5 ingrédients = 4 + 1 (pour 4 identiques) ;
– 5 ingrédients = 3 + 1 + 1 ou 3 + 2 (pour 3 identiques) ;
– 5 ingrédients = 2 + 2 + 1 ou 2 + 1 + 1 + 1 (pour 2 identiques).

L'adulte pioche une carte images : c'est la formule secrète que Mathiavelic a volée et que l'enfant doit à tout prix lui reprendre ! Pour y parvenir, le petit détective va utiliser les cartes restantes des deux façons suivantes :

1. les cartes phrases lui servent de banque d'idées pour poser des questions : il en pioche au hasard, ou bien choisit celles dont les questions semblent utiles à poser à Mathiavelic. Il peut bien sûr en inventer d'autres si nécessaire !
2. il peut ensuite étaler sous ses yeux toutes les autres cartes images et en éliminer au gré des réponses VRAI ou FAUX, un peu à la façon du Qui est-ce ?®. C'est une bonne aide visuelle : en retournant progressivement les cartes aux réponses FAUX, il ne verra plus que des formules très proches de la solution. Cela l'aidera aussi à cibler ses questions !

Illustrons avec un exemple :
Formule mystère : 5 ingrédients = 3 crapauds + 2 araignées
Cartes phrases choisies ou piochées au hasard par l'enfant :

1. « Aucun ne vole ? » Réponse de Mathiavelic : VRAI. Déduction : il n'y a ni hibou, ni fantôme, ni chauve-souris.
2. « Plus de 2 sautent ? » VRAI. Déduction : comme aucune formule n'a 5 ingrédients identiques, et que seuls les crapauds sautent, il y a forcément soit 3, soit 4 crapauds. En plus de ces crapauds, Il y aura ensuite soit 1, soit 2 animaux qui ne sautent pas parmi : serpent, pieuvre, ver de terre ou araignée.
3. « Certains sont roses ? » FAUX. Déduction : il n'y a ni pieuvre ni ver de terre. Il reste donc : araignée ou serpent.
4. « Il y a au moins deux noirs » : VRAI . Déduction : comme les serpents ne sont pas noirs, ils sont éliminés, et il y a forcément 2 araignées et non une seule. Le mystère est résolu : « Mathiavelic, rends tout de suite la formule magique 3 crapauds + 2 araignées ! »

Et ensuite ? Inventons en famille !

Côté enfants
On invente encore d'autres triangles formules ? des images ? des phrases ? Il reste encore plein de possibilités, prenez une feuille : imaginez, dessinez et découpez !

Côté parents
Alternez les rôles et laissez-le devenir Mathiavelic pour répondre à vos questions !

Dossier parent / On observe

A-t-il aimé ce jeu ? A-t-il fait les bonnes déductions ? L'avez-vous beaucoup aidé ?

n° 10

Cart'tables

Automatiser les tables de multiplication

Profil
À partir du CE2 (ou CE1 en prenant les tables de 1 à 5 seulement)

Matériel
Cartes ? y compris les cartes spéciales ● + 4, ● + 2, ★ Joker et Échange pages 51 et 53.

Pourquoi on y joue ?

Objectif du jeu

→ Automatiser les tables de multiplication pour faciliter le calcul mental.

Quelques repères

Les enfants calculent souvent spontanément dès le plus jeune âge dans leurs jeux. Dès 3 ans, ils font par exemple des additions avec de petites quantités perçues directement (2 + 2, 3 + 1), puis ils peuvent donner le résultat en pointant un par un les petits objets qu'ils regroupent ou dégroupent. Ils changent ensuite de stratégie, passant du comptage sur les doigts (4-5 ans) à la récupération directe de certains résultats mémorisés (6-7 ans). En revanche, la multiplication n'est pas une opération spontanée et est plus compliquée à percevoir. S'il est donc normal, en début d'apprentissage, de recourir à une addition répétée (2 x 3 = 2 + 2 + 2), cette stratégie est lente et plus contraignante. La mémorisation des résultats, avec une comptine par exemple, permet à terme d'être bien plus efficace. Mais, comme la mémoire est associative, elle va parfois se tromper d'opération. Par exemple, avec « 3 x 2 », l'enfant devra apprendre à choisir entre plusieurs résultats antagonistes : 5 (3 + 2), 6 (3 x 2) ou 8 (4 x 2, le résultat suivant de la table). C'est ce phénomène d'interférence, plus ou moins marqué suivant les enfants et les opérandes (les chiffres qui composent l'opération), qui explique donc qu'il faut parfois beaucoup de patience avant que les tables de multiplication soient bien automatisées !

Quelques chiffres*

Un apprentissage progressif :

Âge	Progression de l'apprentissage	Stratégie des réponses	Vitesse et précision des réponses
CE1 (7-8 ans)	Tables de 1 à 5	Utilise encore addition répétée	Lent – Erreurs
Fin CE2	Tables de 1 à 10	Apprentissage en cours- début d'automatisation de certains résultats	De plus en plus rapide (12 multiplications/ min) – Erreurs
CM2	Tables 1-10 et apprentissage division	Consolidation de l'apprentissage – récupération directe en mémoire possible	Encore plus rapide – quelques erreurs (17 multiplications/ min)
Collège	Tables 1-10 multiplication et division	Récupération directe en mémoire privilégiée et efficace	Vitesse et précision augmentent (21 multiplications/ min en 3e)

Les atouts du jeu

→ **Jouer pour favoriser la mémorisation.**

→ **Apprendre différemment : partir du résultat pour retrouver la multiplication initiale.**

Comment on y joue ?

On s'installe !

Découpez les cartes des pages 51 et 53. Mélangez bien et prenez-en une ou deux pour bien expliquer le principe de l'étoile au centre : il faut déduire le chiffre manquant pour reconstruire la bonne multiplication.

Exemple : étoile mystère = 2 avec 8 et 16, car 8 x 2 = 16 !

On commence ? Action !

Le but est, comme au Uno®, de réussir à se débarrasser en premier de toutes ses cartes. Avant de commencer, on choisit ensemble une carte au hasard qu'on place face visible entre les deux joueurs. Puis on distribue dix cartes à chacun, et le reste est placé face cachée pour constituer la pioche. Les joueurs ont deux moyens de jeter leurs cartes :

1. recouvrir une carte SANS RECOURIR AU CHIFFRE MYSTÈRE (dans le cas où il possèderait une carte avec un nombre visible en commun) ;

* Association Plateforme prévention et soins en orthophonie, (2019, septembre). *Mon enfant ne connaît pas ses tables de multiplication.* Allo ortho. https://www.allo-ortho.com/mon-enfant-ne-connait-pas-ses-tables-de-multiplication

❷ recouvrir une carte GRÂCE AU CHIFFRE MYSTÈRE (dans le cas où il aurait deviné le chiffre mystère, ici 9) ;

Cartes spéciales :

– + 4 : fait piocher 4 cartes et passer son tour à l'adversaire. Cette carte peut ensuite être recouverte avec n'importe quelle autre carte.

– **Échange** : permet à celui qui la pose sur la table d'échanger son jeu avec celui de l'adversaire, lequel doit ensuite jouer. Attention de bien l'utiliser au bon moment, car c'est parfois un cadeau empoisonné !

– **Chance** : utile en cas de blocage, elle permet à celui qui la pose de placer ensuite n'importe quelle autre carte de son jeu.

Et ensuite ? Inventons en famille !

Côté enfants

Et s'il imaginait d'autres jeux ? Avec les cartes, on fait aussi une bataille ? Chiffre mystère contre chiffre mystère, on décide si c'est le plus grand ou le plus petit qui l'emporte ? Encouragez et valorisez sa créativité.

Côté parents

Idée de rituel : Devine tête® ! : au petit déjeuner, ou en rentrant de l'école, chacun se colle une carte sans la voir sur le front ; on se dit seulement le résultat et il faut deviner le chiffre mystère. Le premier qui trouve ne met pas la table ce soir !

Dossier parent / On observe

Comment se débrouille-t-il pour répondre ? Doit-il répéter toutes les lignes de la table dans l'ordre ou trouve-t-il directement ? Vous pourrez noter ses progrès !

n° 11 Tarta'beurk

Se familiariser avec le raisonnement logique, les classes et l'inclusion

Profil
À partir du CE1

Matériel
2 Tarta'beurk » page 69.
Cartes ingrédients page 71.
Feuille d'aide page 73.
Crayon à papier + gomme.
Dé (un ou plusieurs).
Grande enveloppe ou sac de course.

Pourquoi on y joue ?

Objectif du jeu

- Exercer la flexibilité de pensée.
- Raisonner sur la propriété logique d'inclusion.
- Faire des calculs : addition, soustraction.

Quelques repères

Pour être logique, il faut réussir à se figurer chaque chose sous plusieurs propriétés en même temps. Pour cela, notre apprenti mathémagicien aura recours à certains « outils de pensée » ! Cette faculté de classer les choses mathématiquement suit un chemin balisé par les expériences de votre enfant. Jusqu'à 4-5 ans, il va surtout apprendre, au travers de ses jeux symboliques, qu'il est possible de ranger différents objets selon ses propres règles (ex : la poupée avec l'ours parce que « c'est tout doux »). Cette phase est essentielle pour la suite : il prend ses propres décisions en même temps que sa pensée s'éveille, il décide activement. Puis il apprendra les codes sociaux (couleurs, animaux, etc.) ou les codes plus scolaires (taille, forme géométrique, etc.). Mais il faudra attendre jusqu'à 7- 8 ans, quand son cerveau sera suffisamment mûr, pour pouvoir admettre que 1 = 2 ou 3 ou encore plus !
Exemple : 1 fraise = 1 objet + 1 fruit + 1 chose rouge + 1 chose sucrée + 1 objet rond, etc. Il peut alors « étiqueter » chaque chose, puis « jouer dans sa tête » avec ces différentes étiquettes. Autrement dit, il pourra les articuler. Cela part bien entendu d'objets concrets, mais, plus tard, il le fera avec ses idées, en les organisant, en les hiérarchisant, pour bien apprendre. C'est ce que les logiciens appellent la loi d'inclusion, essentielle dans la compréhension mathématique en général.

Les atouts de ce jeu

- Exercer la flexibilité de pensée.
- Manipuler les quantités.
- Résoudre des problèmes inclusifs.

Comment on y joue ?

On s'installe !

Découpez les 2 tarta'beurk et les 216 ingrédients démoniaques ! Ces derniers sont rangés sous quatre catégories, « fruits », « légumes », « petites bébêtes » et « sauces à la Mochepif », avec chaque fois six couleurs possibles. On met toutes les cartes découpées, face cachée, dans un sac opaque ou une grande enveloppe pour pouvoir piocher. Pour établir la recette défi de Mochepif : on prend une feuille et un dé, et on suit la formule mathémagique en haut de la feuille d'aide Tarta'beurk :

Niveau 1 : « 5 + 9 = 13 ingrédients en tout ! »

Niveau 2 : « 5 + 7 + 3 = 13 ingrédients en tout ! »

Chaque joueur lance le dé pour compléter la recette et relever le défi de Mochepif.

1. Le premier lancer de dé détermine la catégorie de 5 ingrédients parmi les 13 : ⚀ ou ⚄ = fruits (fraise, mûre, citron, kiwi, orange ou framboise) ; ⚁ ou ⚅ = légumes (aubergine, piment, poivron, poireau, carotte, radis) ; ⚂ ou ⚃ = petites bébêtes (araignée, fourmi rouge, asticot, serpent, limace, méduse ;
2. Le deuxième précise la couleur pour 7 ingrédients parmi les 13 : ⚀ violet ⚁ rouge ⚅ jaune ⚃ vert ⚄ orange ⚂ rose ;
3. Le dernier lancer identifie une des sauces de la catégorie « sauces de Mochepif » pour 3 ingrédients parmi les 13, ce qui apportera la touche finale à la répugnante tarta'beurk : ⚀ purée de chauve-souris ⚁ ketchup de scorpion ⚂ bave de crapaud ⚃ coulis de munster ⚄ jus de chaussette ⚅ confiture de cochon.

On commence ? Action !

Le but est d'être le premier à avoir pioché les 13 bons ingrédients pour confectionner sa tarta'beurk. Celui qui a la date d'anniversaire la plus proche du 1er janvier commence (attention, ceux qui sont nés en décembre peuvent gagner, on compte les jours dans le sens qui arrange !). On joue chacun son tour en lançant le dé : selon le lancer, on peut alors piocher de 1 à 6 cartes ingrédients dans le sac. On les pose face visible sur la feuille d'aide et on coche :

– **possibilité 1 : tous les ingrédients conviennent.** Le joueur les garde et les dispose sur les emplacements de sa tarta'beurk, puis coche les cases de sa feuille d'aide) ;

– **possibilité 2 : certains ne conviennent pas (ou aucun ne convient).**

Il peut alors choisir :

– de remettre tout dans le sac ;

– ou de défier son adversaire au dé. **Celui qui fera le plus grand nombre remporte le défi.** Il peut alors voler un des ingrédients posés sur la tarta'beurk de l'autre. **Il le remplace par un de ceux posés sur la table, si possible celui qui l'arrange le moins. Attention, ça peut être risqué !**

Prenons un exemple :

- Mon défi du niveau 2 est le suivant : « 5 bébêtes + 7 ingrédients jaunes + 3 jus de chaussette = 13 ingrédients en tout ! » J'ai déjà 3 jus de chaussettes, 4 asticots jaunes et 1 poireau sur ma tarte (après plusieurs lancers de dé). J'ai pour l'instant au total 8 ingrédients parmi lesquels les 7 ingrédients jaunes demandés, 4 bébêtes sur les 5 et les 3 jus de chaussette. Je n'ai plus le droit de poser de jus de chaussette, ni aucune carte jaune, mais il me manque 5 ingrédients !?

Pour gagner en un lancer de dé, je peux faire  et piocher :

- 1 bébête et une seule (tout sauf l'asticot, car alors j'aurai non plus 7 mais 8 ingrédients jaunes !)
- 4 autres ingrédients qui ne sont ni jaunes, ni jus de chaussette, ni bébêtes (ex : 2 confitures de cochon rose et 2 carottes)

Et ensuite ? Inventons en famille !

Côté enfants

A-t-il une autre idée de catégorie rigolote ?

Exemple : ça peut piquer = piment, araignée, radis, fourmi rouge, citron...

Côté parents

N'hésitez pas à l'aider à cocher la feuille d'aide ! Et ensuite, si on faisait une vraie tarte dans la cuisine ? Ce sera l'occasion de mesurer, compter, avec lui.

Dossier parent / On observe

Arrive-t-il facilement à penser en « emboîtant » ? Proposez-lui des objets du quotidien en les nommant sous différentes catégories.

n° 12 Flash'cartes !

Avoir le sens du nombre, savoir faire du *subitizing*

Profil
À partir du CP

Matériel
Cartes unibébêtes pages 57 et 59.
Châteaux Mochepif/Mathiavelic page 77.
Feuille et stylo.
6 petits objets à compter.

Pourquoi on y joue?

Objectif du jeu

- Reconnaître instantanément des petites quantités sans les dénombrer.
- Les traduire avec son corps ou des objets.

Quelques repères

Comment définir le « sens du nombre » ? On peut le comprendre à juste titre comme une signification conceptuelle et élaborée des choses, qui permet par exemple de bien comprendre les quantités cachées derrière des chiffres afin de correctement comparer, mesurer ou calculer. C'est la « signification » du nombre. Mais saviez-vous qu'il existe aussi une « perception » bien plus basique des quantités, qui est même présente chez certains animaux ? Depuis quelques décennies, les recherches en cognition mathématique* se sont penchées sur cet aspect chez des bébés et de très jeunes enfants. Les chercheurs ont démontré par exemple une capacité très précoce appelée « subitizing ». Elle permet de savoir instantanément combien il y a d'éléments en face de soi, sans même dénombrer, mais seulement pour les petites quantités (de 1 à 3 ou à 4, voire à 6 si les éléments sont bien rangés comme sur un dé). Voici un exemple : +++
Avez-vous dû compter « 1, 2, 3 » ou avez-vous immédiatement su combien de croix il y avait ?

D'autres capacités existent aussi très tôt pour estimer ou percevoir plus ou moins finement des différences entre grandes quantités. C'est le « système numérique approximatif ». Selon le modèle du Triple Code, proposé par Stanislas Dehaene et Laurent Cohen, l'enfant va progressivement relier ces différentes « intuitions de base » à son langage (les mots-nombres), puis plus tard aux chiffres arabes pour faire « un seul et triple sens ». Chez certains enfants ou adultes dyscalculiques, c'est parfois même l'une ou l'autre de ces facultés de base qui est touchée, ce qui cause ensuite des troubles durables en mathématiques.

* La cognition mathématique, c'est en quelque sorte l'ensemble des structures et activités mentales en lien avec les connaissances mathématiques : langage, raisonnement, attention, mémoire… Ce domaine d'étude est très vaste !

Les atouts de ce jeu

- Jeu multisensoriel.
- Un concours de vitesse pour vraiment s'amuser !

Comment on y joue ?

On s'installe

Installez les deux châteaux, reliez-les avec le chemin et placez Mochepif et Mathiavelic au centre. Sélectionnez les cartes dont la quantité d'éléments va de 1 à 6 comme sur des faces de dés. En retirant les cartes spéciales et les cartes 7, 8 et 9 unibébêtes, il reste une pioche de 72 cartes, 6 groupes de 12 cartes (toutes les baguettes, les mallettes...). Expliquez à l'enfant qu'on va tout compter vite et jusqu'à 6 maximum. La carte avec 5 balais ou 5 grimoires représentera donc dans ce jeu la quantité « 5 », comme dans un jeu de cartes traditionnel. Répartissez les cartes entre les joueurs, en deux tas, face cachée, à côté de chaque château. Énoncez la consigne : « Mathiavelic a emprisonné des unibébêtes : aide Mochepif à compter à la vitesse flash éclair pour les libérer ! Attention : pour aller vite, on ne pourra pas les compter une par une, mais en un coup d'œil ! »

On commence ? Action !

But du jeu : identifier ou comparer rapidement des petites quantités pour gagner des cartes !

1re manche : Flash'bataille
C'est le principe classique de la bataille : chaque fois on compte 1,2,3, puis on retourne les cartes en même temps. Il s'agit d'estimer le plus vite possible « qui a le plus » en comparant visuellement 2 quantités. Celui qui a le plus d'objets dit sa quantité et peut prendre le plus vite possible son personnage. Mais attention : si on prend à tort, ou si on se trompe de nombre ou de personnage dans la précipitation, les cartes reviennent à l'adversaire et sont placées dans son château ! En cas d'égalité, comme à la bataille, chacun recouvre sa carte puis en repioche une pour continuer. Le premier à avoir 10 cartes remporte la première manche !

2e manche : Flash'Memory
Sélectionnez 12 cartes : 6 paires allant de ⚀ à ⚅. On peut prendre une seule sorte de cartes (ex : 12 cartes baguette) ou plusieurs (ex : 6 cartes unibébêtes et 6 cartes grimoire). Mélangez les cartes et placez-les face cachée en 3 lignes de 4. Le principe est celui d'un Memory®, sauf qu'on doit dire combien il y a sur chaque carte en 1 seconde maximum ! Qui se le rappellera le mieux pour former les paires de même quantité ? Celui qui en a le plus gagne la 2e manche !

3e manche : Flash'mob : « 5, 4, 3, 2, 1, 0 ! Trop tard, perdu ! »
Placez sur la table 6 petits objets (ex : billes plates, pois secs...), une feuille et un stylo. Il est interdit de parler. Le principe est le même chaque fois : chacun leur tour, les joueurs prennent une de leurs cartes, la posent sur la table et la retournent face cachée immédiatement. L'adversaire choisit alors chaque fois un défi différent pour « traduire » la quantité reconnue.

- **Défi « doigts » :** il faut mimer immédiatement après la quantité identifiée avec ses doigts, en les levant **tous en même temps** et **sans se tromper**.

– **Défi « dé » :** 5 secondes pour obtenir la même quantité en lançant plusieurs fois le dé.
– **Défi « dessin » :** 5 secondes pour dessiner sous la forme de points.
– **Défi « corps » :** 5 secondes pour sauter, taper dans ses mains, ou tourner sur lui-même autant de fois que le nombre sur la carte !
– **Défi « objets » :** 5 secondes pour placer autant d'objets sur la table.

Et ensuite ? Inventons en famille !

Côté enfants
Peut-il inventer d'autres défis rigolos ?

Côté parents
Idée de rituel : estimator ! Partez de situations routinières et faites appel à lui pour estimer approximativement des quantités variées : « combien de billes à peu près as-tu dans ton sac, à ton avis ? On a plus de cerises ou plus de framboises dans le frigo ? ça fait peu ? beaucoup ? Tu dirais à peu près combien de cerises sur un cerisier ? »

Dossier parent / On observe

Vous a-t-il épaté par sa vitesse ? A-t-il pu relever tous les défis ?

n° 13 Boum'chaudrons !

Appliquer un raisonnement, une stratégie, un dénombrement ou un calcul

Profil
À partir de fin CP + CE1 en addition et soustraction ; CM1 en addition et multiplication

Matériel
Cartes triangles images/phrases page 79.
Feuille et stylo.
Pense-bébêtes de Mochepif 0-100. si nécessaire pour aider page 55.

Pourquoi on y joue ?

Objectif du jeu

- Résoudre un problème arithmétique.
- Être stratégique pour gagner.

Quelques repères

Qu'est-ce que calculer ? Selon Stella Baruk*, il convient de distinguer « raisonner » (choisir la bonne opération pour refléter les transformations ou comparaisons de collections) et « calculer » (appliquer des procédures pour trouver le résultat). À noter que, même pour la phase de calcul, il existe de véritables stratégies qui évoluent avec l'âge ! Pour l'addition, par exemple, le petit mathémagicien utilise d'abord ses doigts. Si cette stratégie a progressivement tendance à disparaître, elle reste une aide efficace pour certains enfants en difficulté. D'autres stratégies font ensuite leur apparition :
– stratégie Min : partir du plus grand des deux nombres. Par exemple, pour 5 + 13, faire le calcul ainsi : 13 + 5 ;
– stratégie de décomposition : par exemple, 25 + 13 = 25 + 10 + 3 ;
– stratégie de récupération de résultats connus en mémoire : par exemple, 7 + 3 dans 27 + 9 = 27 + 3 + 6 = 30 + 6).

Le but est toujours le même : gagner en efficacité et en rapidité, et économiser son petit cerveau ! En cas de trouble, il a été démontré que les enfants dyscalculiques avaient des difficultés à se passer du comptage sur les doigts, même s'ils avaient d'autres stratégies disponibles.

Les atouts de ce jeu

- Aide l'enfant à s'organiser.
- Permet de parler ensemble des stratégies de calcul.

* Baruk, S. (2003). *Comptes pour petits et grands. Pour un apprentissage des opérations, des calculs et des problèmes, fondé sur la langue et le sens. Vol. 2.* Magnard.

Comment on y joue ?

On s'installe !

Découpez les cartes triangles et faites 2 tas (images et phrases). Prenez un temps pour observer quelques images, indiquez que les différents personnages n'ont pas tous des pattes, que certains en ont 0, d'autres 2, 4, 7 ou 8 (voir tableau page 18) ! Ensuite lisez l'intitulé du jeu :
« Mathiavelic veut empêcher Mochepif de protéger les unibébêtes avec ses potions et sa magie des nombres. Il a ensorcelé tous les chaudrons de Mathéliande : quand une potion contient plus de 50 pattes d'animaux, ils explosent ! Heureusement, les fantômes peuvent contrer un peu ce sortilège, car ils peuvent effacer chacun 5 pattes ! Et malheureusement pour Mathiavelic, ses chaudrons peuvent aussi être détruits, et Mochepif a bien l'intention de retourner ce sort à son avantage ! Qui des deux va gagner ce duel explosif ? »

On commence ? Action !.

But du jeu : Être le premier à faire exploser le chaudron de l'autre, en lui faisant atteindre le score de 50 pattes !

Chaque joueur pioche 6 cartes images : ce sont les ingrédients de départ. On les dispose au début face visible pour former un chaudron :

Tant qu'elles restent face visible, on considère que les vilaines bébêtes ne baignent pas encore dans le chaudron. Pour faire exploser le chaudron de l'adversaire, il suffira de retourner une par une les cartes pour y plonger les animaux !

Le chaudron de Mochepif revient à celui qui a la plus petite pointure de chaussure ! L'autre jouera le rôle de Mathiavelic.
On pioche une première carte-phrase. Les deux joueurs réfléchissent alors en même temps pour trouver chez l'autre une carte qui respecte la consigne écrite. S'il n'y en a pas, dommage... S'il y en a plusieurs, on choisira de retourner celle qui contient le plus de pattes !

On note le nombre de pattes sur une feuille, puis on continue à chaque tour avec une nouvelle carte consigne jusqu'à 50 : l'explosion !

Quelques précisions :

- Pour les plus jeunes ou en difficulté de calcul mental, on peut au choix tracer des traits-bâtons pour chaque patte, proposer de faire avancer ou reculer un pion sur le pense-bébêtes de Mochedepif, ou proposer une calculatrice. Pour les autres, on peut demander de calculer mentalement en utilisant les tables de multiplication (nombre d'animaux X nombre de pattes), ou de poser l'addition ou la soustraction !
- Pour les cartes avec fantômes : ces cartes sont stratégiques, elles ont pour but de se défendre quand on approche des 50. En effet, chaque fantôme présent chez l'adversaire permet de diminuer son propre score de 5 pattes !

Si c'est possible, il vaut donc parfois mieux choisir une carte avec fantômes pour faire diminuer son propre score, plutôt qu'une autre qui augmenterait le score de l'adversaire.

Et ensuite ? Inventons en famille !

Côté enfants

Et si on augmentait la taille du chaudron ? On prend 13 cartes ? On va jusqu'à 100 maintenant ? Laissez-le inventer et tester de nouvelles règles du jeu !

Côté parents

Idée de rituel : un jour/une stratégie ! Partez de situations routinières et faites appel à lui pour vous aider à résoudre des problèmes simples : comment faire pour ranger toutes les courses dans le placard ? quelle astuce pour mettre la table en faisant le moins d'allers-retours possible ? Le but n'est pas de trouver la solution idéale, mais de réfléchir à sa propre stratégie.

Dossier parent / On observe

Comment s'est-il débrouillé pour ses calculs ? Avez-vous utilisé le pense bébêtes 0-100 ? les traits bâtons ? Quelles stratégies de calcul applique-t-il ? Utilise-t-il beaucoup ses doigts ? Notez tout ce qui fonctionne pour pouvoir le réinvestir au quotidien !

n° 14

Remue'nombres !

Jouer avec la chaîne numérique pour mieux calculer

Profil
À partir du CE1

Matériel
Cartes ? et les cartes spéciales ● + 4, ● + 2, ★ Chance, ⇄ Échange pages 51 et 53.
Plateau de jeu page 75.
2 personnages : Mochepif et Mathiavelic page 77.
1 dé.

Pourquoi on y joue ?

Objectif du jeu

→ Comprendre les mots du vocabulaire mathématique.
→ Maîtriser la chaîne numérique pour mieux calculer.

Quelques repères

Pour les mathémagiciens, la chaîne des nombres, c'est au départ une simple récitation, puis ça devient progressivement un outil redoutable pour opérer de tête des calculs dans tous les sens. Les jeunes enfants passent généralement par différentes phases de développement, à mesure qu'ils savent compter de plus en plus loin.

– À 2-3 ans, c'est comme une chanson apprise par cœur : on la récite en un seul souffle. Exemple : « undeuxtroisquatrecinq ! »
– À 4-5 ans, c'est une chaîne insécable : on récite des mots dont le lien avec les quantités devient conscient.
– À 5-6 ans, l'enfant commence à être capable de compter à partir de n'importe quel nombre de sa zone stable : « trois-quatre-cinq-six. » Il n'est plus obligé de repartir de 1 et peut aussi donner le nombre juste avant ou juste après un autre dans la chaîne numérique.
– À partir du CP, la chaîne est devenue un véritable outil, souple, malléable : il est prêt à compter de 2 en 2 , à l'envers... Un vrai gymnaste !

Les enfants présentant des difficultés de langage vont avoir plus de mal à maîtriser la chaîne.

Les atouts du jeu

→ Un jeu de plateau pour jouer avec la comptine numérique dans tous les sens !

Comment on y joue ?

On s'installe !

Préparez le plateau de jeu, les 2 pions et un dé. Découpez et mélangez les cartes **?** des pages 51 et 53. Placez-les sur chaque case prévue à cet effet. Lisez l'intitulé de jeu :
« Le roi Mathieu et la reine Mathilde organisent comme chaque année la grande course des Nombres de Mathéliande. Joue bien avec les nombres, remplis les défis et avance vite vers l'arrivée ! Qui de Mochepif ou de Mathiavelic va gagner ? »

On commence ? Action !

But du jeu : être le premier à atteindre la case « Arrivée » !

- Le joueur 1 est celui dont le prénom a le nombre de lettres le plus proche du nombre de saisons dans l'année. Il choisit son personnage.
- Lancez à tour de rôle le dé : une première fois pour choisir un défi, puis une deuxième fois pour faire avancer son pion. Regardez la carte placée sur la case et répondez au défi.
  -  Écris 2 nombres pairs plus grands que le plus grand des deux nombres sur la carte.
  -  Écris 2 nombres impairs plus petits que le plus grand des deux nombres sur la carte.
  -  Écris les 2 nombres qui encadrent le plus grand des deux nombres sur la carte.
  -  Écris les 2 nombres qui encadrent le plus petit des deux nombres sur la carte.
  -  Compte à voix haute en avançant, du plus petit au plus grand des deux nombres sur la carte.
  -  Compte à voix haute en reculant, du plus grand au plus petit des deux nombres sur la carte.
- Défi réussi : le joueur reste sur la case. Défi manqué : il revient à sa position précédente.
- Continuez à tour de rôle jusqu'à ce que quelqu'un atteigne la case « Arrivée » ! C'est gagné !

Et ensuite ? Inventons en famille !

Côté enfants

A-t-il envie d'inventer un autre défi ? Que pourrait-on faire avec ces 2 nombres ? On avance ou on recule par bond en prenant le plus petit ?

Côté parents

Sentez-vous libres de jouer avec la chaîne numérique au quotidien : compter à rebours tout en mettant son pyjama, compter de 3 en 3 les quartiers de pommes en faisant ensemble une petite tarte, etc.

Dossier parent / On observe

A-t-il eu du mal à encadrer un nombre ? À compter à l'envers ? À vous d'inventer une routine quotidienne pour l'y aider !

CONCLUSION

Jouer au mathémagicien avec Mochepif et le diabolique Mathiavelic, ça lui a plu ? Et vous, avez-vous éprouvé du plaisir à jouer avec les nombres au quotidien ?

Chers parents, avec cet ouvrage, nous espérons avoir pu vous donner des pistes claires et pratiques pour accompagner les difficultés d'apprentissage en mathématiques de votre enfant. D'un côté, les différents chapitres vous ont présenté quelques repères sur le raisonnement, l'acquisition des nombres et du calcul. De l'autre, les différents jeux et rituels proposés vous ont donné l'occasion de prendre du bon temps ensemble, tout en observant activement votre enfant, ses difficultés, et aussi et surtout ses points forts, son inventivité... Avez-vous pu découvrir des capacités insoupçonnées chez lui ? Qu'avez-vous noté dans votre dossier parents ? Avez-vous pu facilement adapter les situations de départ à votre propre quotidien ? Nous l'espérons vivement.

Toutefois, nous ne voudrions pas conclure ce livre sans vous tirer un coup de chapeau. En effet, en tant qu'orthophonistes, nous avons une bonne idée du genre de difficultés et de questionnements qui se posent au quotidien dans vos familles. Sachez tout d'abord que votre énergie et votre patience forcent l'admiration. Car, nous le constatons au détour de nos conversations en salle d'attente, ou en accompagnant certains d'entre vous aux réunions à l'école : de l'énergie, de la patience et de l'amour, vous n'en manquez pas !

De l'énergie d'abord, vous qui êtes sans cesse tiraillés entre les pressions sociétales de réussite scolaire et l'indéfectible amour pour votre enfant. De la patience ensuite, quand les temps de devoirs s'éternisent, ou quand vous l'accompagnez fidèlement chaque semaine à sa séance, souvent pendant de longs mois. De l'amour enfin, quand votre enfant se décourage, et que vous êtes là pour le remotiver tout en essayant d'éviter les conflits inutiles.

Pour tout cela, et plus encore, soyez assurés de toute notre admiration.
Merci de votre confiance.

Références

Miller, K. F., Smith, C. M., Zhang, H. & Zhu, J. (1995). Preschool origins of cross-national differences in mathematical competence: The role of number-naming systems. *Psychological Science*, 6(1), 56-60.
→ https://doi.org/10.1111/j.1467-9280.1995.tb00305.x

Baruk, S. (2003). *Comptes pour petits et grands. Pour un apprentissage des opérations, des calculs et des problèmes, fondé sur la langue et le sens. Vol. 2.* Magnard.

Inserm (dir.). (2007). Dyslexie, dysorthographie, dyscalculie. Bilan des données scientifiques. *Les éditions Inserm.*
→ http://hdl.handle.net/10608/110

Benoît, J., Berquin, P., Bertot, V. *et al.* (2009). Difficultés et troubles des apprentissages chez l'enfant à partir de 5 ans. *Société française de pédiatrie.*
→ https://solidarites-sante.gouv.fr/IMG/pdf/Difficultes_et_troubles_des_apprentissages_chez_l_enfant_a_partir_de_5_ans.pdf

Brissiaud, R. (2016). Situations, interprétation, stratégies et conceptualisation. Le cas des opérations arithmétiques. *Bulletin de psychologie*, 546, 423-431.
→ https://doi.org/10.3917/bupsy.546.0423

Brissiaud, R., Clerc, P., Lelièvre, F. & Ouzoulias, A. (2016). *J'apprends les maths, CE2. Livre du maître.* Retz. ISBN : 978-2-7256-3479-1

Brissiaud, R., Clerc, P., Lelièvre, F. & Ouzoulias, A. (2017). *J'apprends les maths, CE2. Guide pédagogique.* Retz.
→ https://extranet.editis.com/it-yonixweb/images/322/art/doc/8/80aee9ca86313439313239393434343737323637.pdf

Golinkoff, R. M., Hassinger-Das, B., Hirsh-Pasek, K. & Zosh, J. M. (2018). Jouer pour apprendre les mathématiques. *Encyclopédie sur le développement des jeunes enfants.*
→ https://www.enfant-encyclopedie.com/apprentissage-par-le-jeu/selon-experts/jouer-pour-apprendre-les-mathematiques.

Association Plateforme prévention et soins en orthophonie, (2019). *Mon enfant ne connaît pas ses tables de multiplication.* Allo ortho.
→ https://www.allo-ortho.com/mon-enfant-ne-connait-pas-ses-tables-de-multiplication

Bynen-Journo, G. (2019). Pourquoi « + de jeu libre chez les bébés et les enfants » ? *Calendrier de l'Avent 2019. Vive le jeu libre.* Association Joue pense parle.
→ https://www.jouepenseparle.com/wp-content/uploads/2019/12/calendrier-JPP-2019-PERIODE-4-ARGUMENTAIRE.jpg

Houdé, O. (2019*). Comment raisonne notre cerveau.* PUF. ISBN : 978-2-13-081606-5

Mikaeloff, Y. (dir.). (2019). Troubles spécifiques des apprentissages. Les « dys », des troubles durables mais qui se prennent en charge. *Les éditions Inserm.*
→ https://www.inserm.fr/information-en-sante/dossiers-information/troubles-specifiques-apprentissages

Association Plateforme prévention et soins en orthophonie, (2019-2021). *Calcul.* Allo ortho.
→ https://www.allo-ortho.com/articles/domaines/calcul/

Olano, M. (2020). L'intelligence, de Jean Piaget aux neurosciences. *Sciences humaines.*
→ https://www.scienceshumaines.com/l-intelligence-de-jean-piaget-aux-neurosciences_fr_41836.html

Ducret, J.-J. (2022). *Combinatoire.* Fondation Jean Piaget.
→ https://www.fondationjeanpiaget.ch/fjp/site/oeuvre/index_notions_nuage.php?NOTIONID=57

Ministère de l'Éducation nationale, de la Jeunesse et des Sports. (2022). *Les guides fondamentaux pour enseigner. La résolution de problèmes mathématiques au cours moyen.*
→ https://eduscol.education.fr/document/32206/download?attachment

Retrouvez-nous sur Instagram : @mangoeditions et sur facebook : @mangoeditions

Dans la même collection :

Direction : Guillaume Po
Direction éditoriale : Tatiana Delesalle
Édition : Barbara Janssens
Direction artistique : Chloé Eve
Mise en pages : Élise Bonhomme
Illustrations : Lucia Calfapietra
Direction de fabrication : Thierry Dubus
Suivi de fabrication : Sonia Romeo
1re édition - N° d'édition : M22131
ISBN : 978-2-3170-2921-9
Code MDS : MN29219

Achevé d'imprimer en août 2022
par Edelvives en Espagne

Dépot legal : septembre 2022
www.mangoeditions.com

Certifié PEFC
Ce produit est issu de forêts gérées durablement et de sources contrôlées.
PEFC™
PEFC/14-38-00260
www.pefc-france.org

Ce livre s'inscrit dans une démarche écoresponsable. Il est composé de matériaux issus de forêts bien gérées, certifiées PEFC™ et d'autres sources contrôlées. Cette certification garantit une empreinte carbone réduite et une gestion raisonnée de la forêt, qui maintient la biodiversité et protège les écosystèmes. Il est imprimé avec des encres à base d'huile végétale. Il a été imaginé et conçu en France, et imprimé en Europe.

MON DOSSIER PARENT

MATHÉMATIQUES

5	4	50	7	6	42	2	2	6	12
25	32	10	63	30	7	16	4	3	4
49	8	15	9	40	3	10	24	81	24
7	8	5	36	5	27	2	4	9	6
8	3	1	8	3	9	6	60	35	8
64	21	6	16	12	27	54	6	5	56
2	54	2	21	4	20	20	6	10	3
20	9	12	7	4	5	4	12	5	30

6 ? 48	3 ? 9	9 ? 18	80 ? 8	3 ? 24	5 ? 45	7 ? 14	2 ? 14	24 ? 8	6 ? 36
1 ? 4	4 ? 8	2 ? 6	2 ? 20	9 ? 9	18 ? 6	56 ? 7	4 ? 36	3 ? 18	8 ? 72
40 ? 4	10 ? 40	30 ? 5	1 ? 2	3 ? 15	7 ? 28	2 ? 8	7 ? 42	70 ? 10	2 ? 18
4 ? 28	4 ? 16	1 ? 1	1 ? 5	10 ? 100	? JOKER	? JOKER	ÉCHANGE	+2	+4

PENSE-BÉBÊTES DE MOCHEPIF

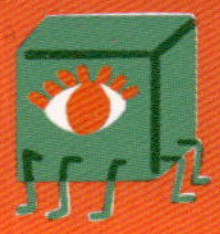

Zéro, un, deux, trois, quatre, cinq, six, sept, huit, neuf	0	1	2	3	4	5	6	7	8	9
Dix, onze, douze, treize, quatorze, quinze, seize, dix-sept, dix-huit, dix-neuf	10	11	12	13	14	15	16	17	18	19
Vingt, vingt et un, vingt-deux, vingt-trois, vingt-quatre, vingt-cinq, vingt-six, vingt-sept, vingt-huit, vingt-neuf	20	21	22	23	24	25	26	27	28	29
Trente, trente et un, trente-deux, trente-trois, trente-quatre, trente-cinq, trente-six, trente-sept, trente-huit, trente-neuf	30	31	32	33	34	35	36	37	38	39
Quarante, quarante et un, quarante-deux, quarante-trois, quarante-quatre, quarante-cinq, quarante-six, quarante-sept, quarante-huit, quarante-neuf	40	41	42	43	44	45	46	47	48	49
Cinquante, cinquante et un, cinquante-deux, cinquante-trois, cinquante-quatre, cinquante-cinq, cinquante-six, cinquante-sept, cinquante-huit, cinquante-neuf	50	51	52	53	54	55	56	57	58	59
Soixante, soixante et un, soixante-deux, soixante-trois, soixante-quatre, soixante-cinq, soixante-six, soixante-sept, soixante-huit, soixante-neuf	60	61	62	63	64	65	66	67	68	69
Soixante-dix, soixante et onze, soixante-douze, soixante-treize, soixante-quatorze, soixante-quinze, soixante-seize, soixante-dix-sept, soixante-dix-huit, soixante-dix-neuf	70	71	72	73	74	75	76	77	78	79
Quatre-vingts, quatre-vingt-un, quatre-vingt-deux, quatre-vingt-trois, quatre-vingt-quatre, quatre-vingt-cinq, quatre-vingt-six, quatre-vingt-sept, quatre-vingt-huit, quatre-vingt-neuf	80	81	82	83	84	85	86	87	88	89
Quatre-vingt-dix, quatre-vingt-onze, quatre-vingt-douze, quatre-vingt-treize, quatre-vingt-quatorze, quatre-vingt-quinze, quatre-vingt-seize, quatre-vingt-dix-sept, quatre-vingt-dix-huit, quatre-vingt-dix-neuf	90	91	92	93	94	95	96	97	98	99
Cent, cent un, cent deux, cent trois, cent quatre, cent cinq, cent six, cent sept, cent huit, cent neuf	100	101	102	103	104	105	106	107	108	109

Aide-toi de cette grille pour décomposer les nombres dans les différentes classes d'unités.

CLASSE DES MILLE			CLASSE DES UNITÉS SIMPLES		
Malette des centaines de mille	**Balais des dizaines de mille**	**Chaudrons des unités de mille**	**Grimoires des centaines**	**Baguettes des dizaines**	**Unibébêtes des unités**
Exemple pour 146 247 					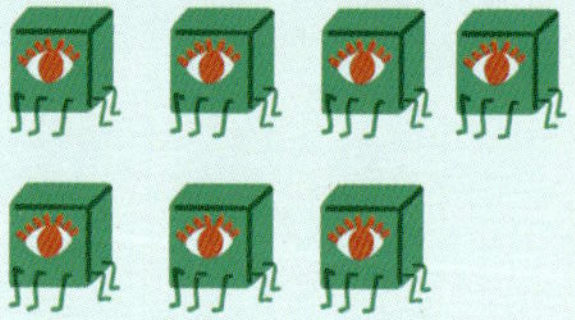

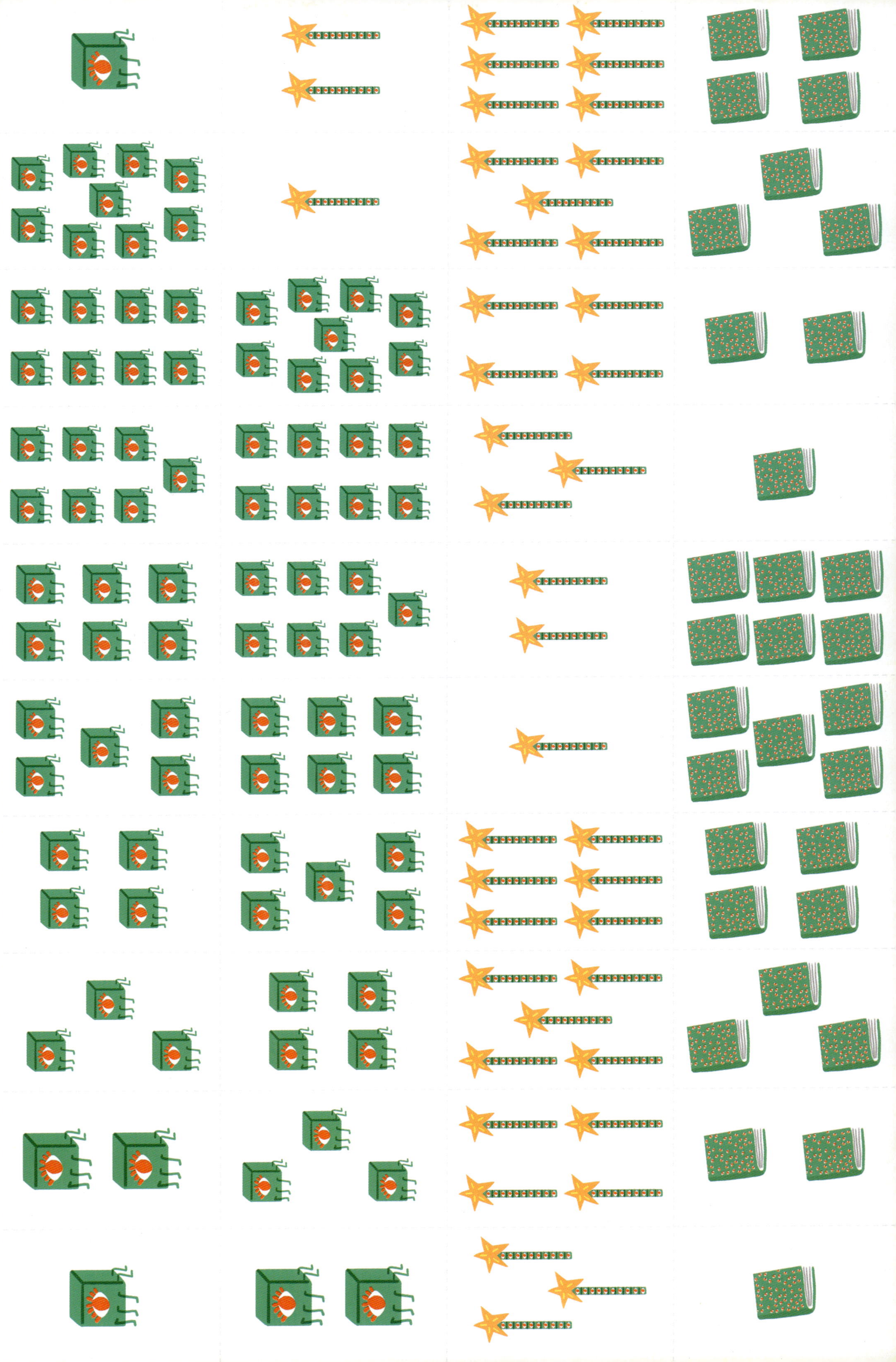

UNITÉS UNITÉS UNITÉS UNITÉS UNITÉS UNITÉS UNITÉS UNITÉS UNITÉS UNITÉS

DIZAINES DIZAINES UNITÉS UNITÉS UNITÉS UNITÉS UNITÉS UNITÉS UNITÉS UNITÉS

DIZAINES DIZAINES DIZAINES DIZAINES DIZAINES DIZAINES DIZAINES DIZAINES DIZAINES DIZAINES

CENTAINES CENTAINES CENTAINES CENTAINES CENTAINES CENTAINES CENTAINES CENTAINES CENTAINES CENTAINES

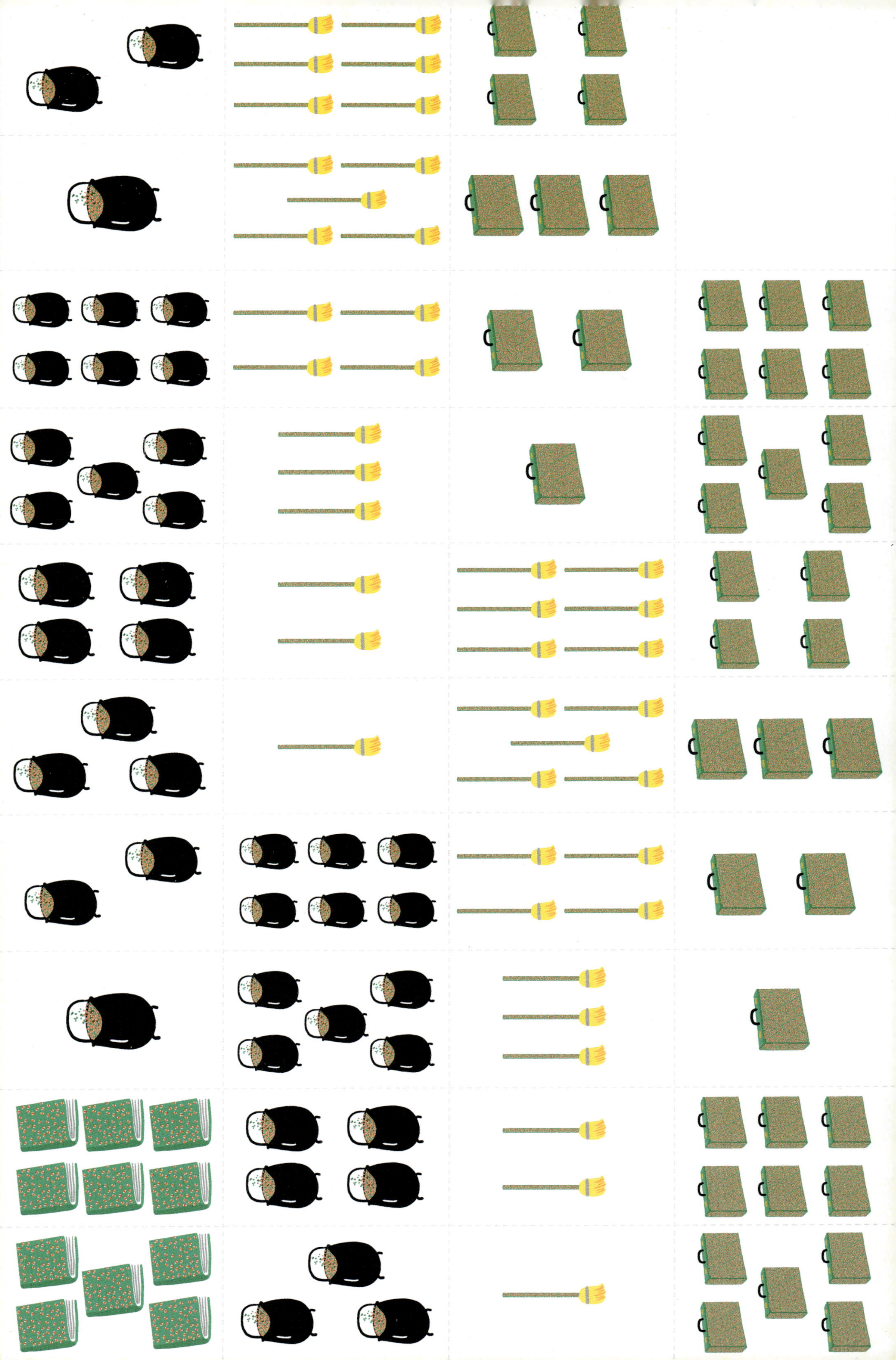

MILLE	MILLE	MILLE	MILLE	MILLE	MILLE	MILLE	MILLE	CENTAINES	CENTAINES
DIX MILLE	DIX MILLE	DIX MILLE	DIX MILLE	DIX MILLE	DIX MILLE	MILLE	MILLE	MILLE	MILLE
CENT MILLE	CENT MILLE	CENT MILLE	CENT MILLE	DIX MILLE	DIX MILLE	DIX MILLE	DIX MILLE	DIX MILLE	DIX MILLE
		CENT MILLE	CENT MILLE	CENT MILLE	CENT MILLE	CENT MILLE	CENT MILLE	CENT MILLE	CENT MILLE

5 7 4 0	4 0 7 8	8 5 3 4
4 3 7 5	0 3 8 5	8 0 5 7
3 4 0 8	7 8 3 4	5 7 0 3

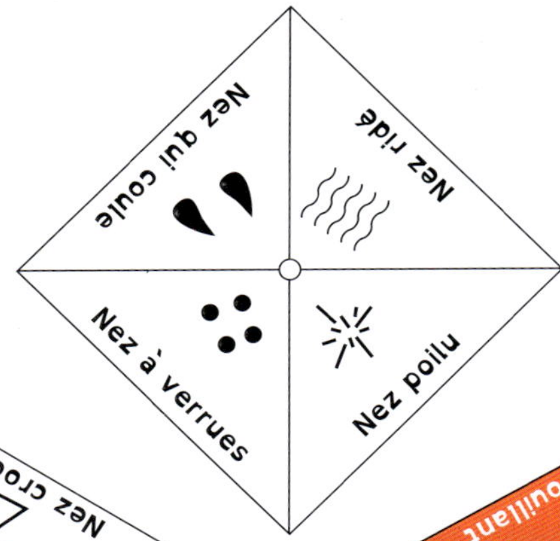
Nez qui coule
Nez ridé
Nez à verrues
Nez poilu

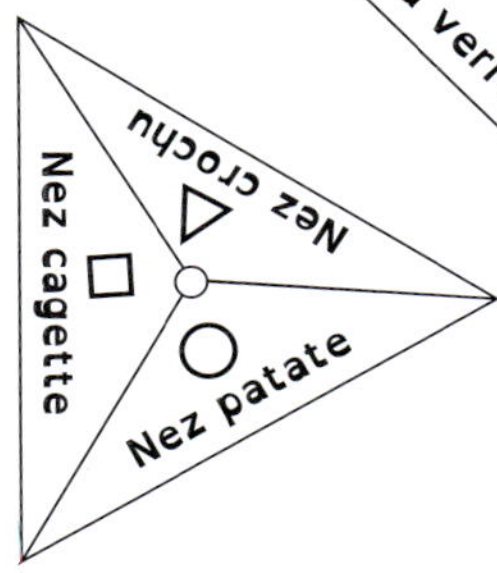
Nez crochu
Nez cagette
Nez patate

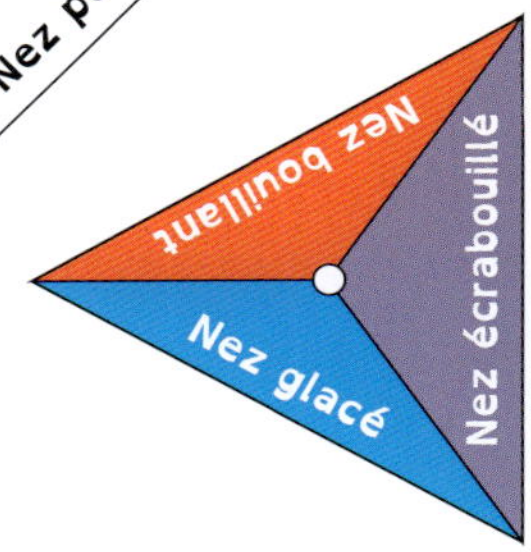
Nez bouillant
Nez écrabouillé
Nez glacé

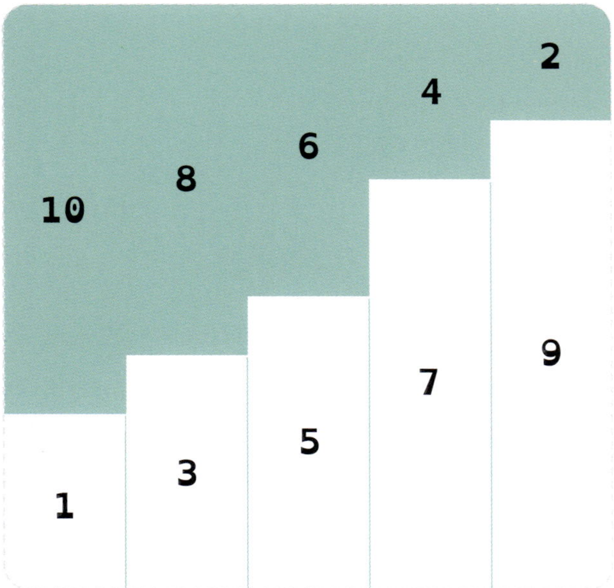
10
8
6
4
2
1
3
5
7
9

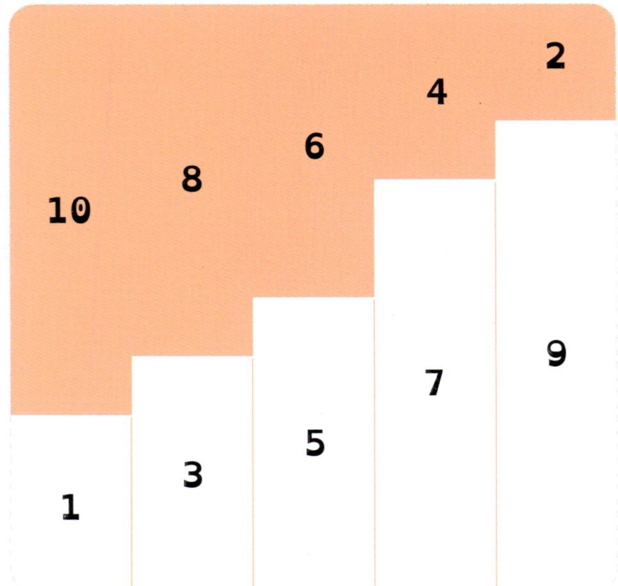
10
8
6
4
2
1
3
5
7
9

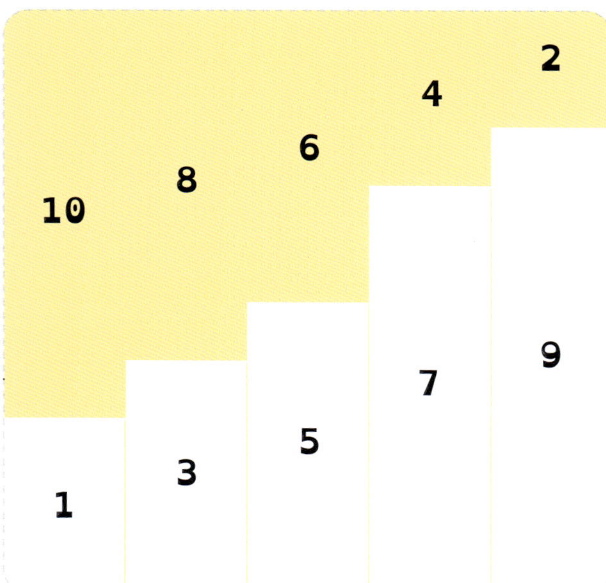
10
8
6
4
2
1
3
5
7
9

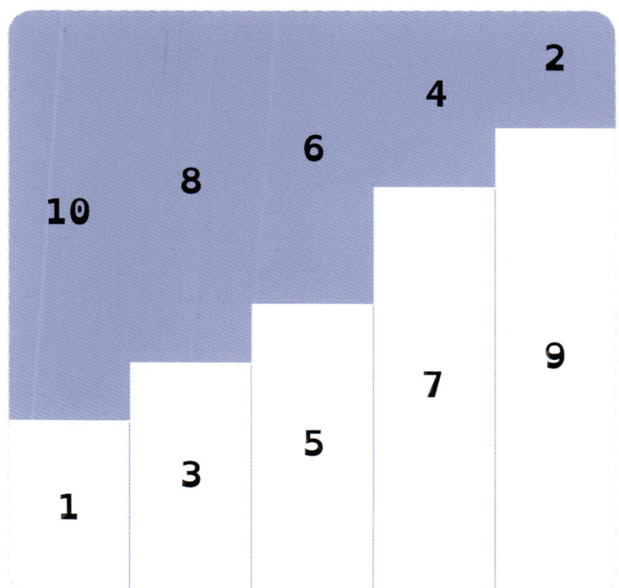
10
8
6
4
2
1
3
5
7
9

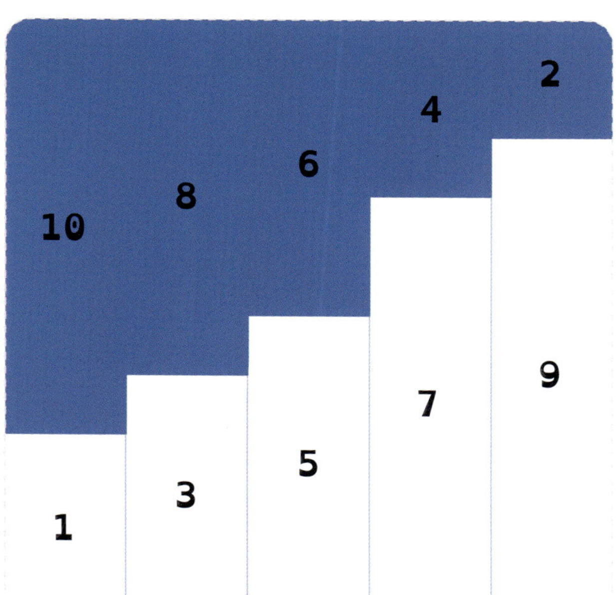
10
8
6
4
2
1
3
5
7
9

	1	2	3	4	5	6	7	8	9	10
fantôme										
balai										
lapin										
baguette										
dragon										
chaudron										
sorcière										
boule										
Merlin										
grimoire										

	1	2	3	4	5	6	7	8	9	10
fantôme										
balai										
lapin										
baguette										
dragon										
chaudron										
sorcière										
boule										
Merlin										
grimoire										

	1	2	3	4	5	6	7	8	9	10
fantôme										
balai										
lapin										
baguette										
dragon										
chaudron										
sorcière										
boule										
Merlin										
grimoire										

	1	2	3	4	5	6	7	8	9	10
fantôme										
balai										
lapin										
baguette										
dragon										
chaudron										
sorcière										
boule										
Merlin										
grimoire										

PURÉE
COULIS

Feuille d'aide Tarta'beurk

NIVEAU 1

5 + 9

= 13 en tout !

Pose tes ingrédients ci-dessous, puis coche les bonnes cases, en regardant toutes les couleurs !

Feuille d'aide Tarta'beurk

NIVEAU 2

5 + 7 + 3

= 13 en tout !

Pose tes ingrédients ci-dessous, puis coche les bonnes cases, en regardant toutes les couleurs !

Départ
Réalise le défi correspondant à ton lancer de dé.
Réalise le défi correspondant à ton lancer de dé.
Réalise le défi correspondant à ton lancer de dé.
Lance le dé et avance
Réalise le défi correspondant à ton lancer de dé.
Réalise le défi correspondant à ton lancer de dé.
Réalise le défi correspondant à ton lancer de dé.
Prison
Passe 2 tours.
Réalise le défi correspondant à ton lancer de dé.
Réalise le défi correspondant à ton lancer de dé.
Réalise le défi correspondant à ton lancer de dé.
Réalise le défi correspondant à ton lancer de dé.
Échange ta place
Avec l'adversaire de ton choix.
Réalise le défi correspondant à ton lancer de dé.
Réalise le défi correspondant à ton lancer de dé.
Lance le dé et recule
Réalise le défi correspondant à ton lancer de dé.
Réalise le défi correspondant à ton lancer de dé.
Lance le dé, avance ou recule au choix
Réalise le défi correspondant à ton lancer de dé.
Réalise le défi correspondant à ton lancer de dé.
Réalise le défi correspondant à ton lancer de dé.
Arrivée

Il y a au moins 2 blancs
Tous les roses rampent
Il y a 2 roses
2 nagent
Il y a au moins 2 noirs
Il n'y a ni rose, ni vert
Tous volent
Il y a plus de blancs que de noirs
Il y a au moins 6 ailes
Tous ceux qui rampent sont verts
On compte moins de 20 pattes
Il y a autant de noirs que de roses
Il y a au plus 6 ailes
Il y a 3 chauve-souris
Il y a plus de 20 pattes
Aucun n'est vert
Aucun ne rampe
Certains sont roses
Au moins 3 de la même couleur
Il y a au plus 3 verts
Il y a au moins 2 verts
Tous ont des pattes
Moins de 4 peuvent voler
Aucun n'est blanc
Aucun n'a d'ailes
Tous nagent
Il y a au moins 2 roses
2 sont de la même couleur
Un seul nage
Un seul rampe
Il y en a plus de 2 qui sautent
Aucun n'est noir
Un seul est rose
Tous rampent
Certains sont verts
Il y a plus de crapauds
Aucun ne nage
Un seul saute
Tous nagent sauf un
Un seul vole
Tous ceux qui volent sont blancs
Il y a plus de verts que de roses
Aucun ne vole
Aucun n'est rose
Il y a 2 blancs
Certains n'ont pas de pattes
Il y a 3 fantômes
Tous les roses nagent
3 sont de la même couleur
Tous les verts rampent
Aucun vert ne saute
Aucun noir ne vole
Aucun vert ne nage
Tous les noirs volent